BARBARA IMGRUND

Wild Woman

Die Fremde in mir

BARBARA IMGRUND

Wild Woman

Die Fremde in mir

LUDWIG

FSC
Mix
Produktgruppe aus vorbildlich bewirtschafteten Wäldern und anderen kontrollierten Herkünften
Zert.-Nr. GFA-COC-001262
www.fsc.org

Verlagsgruppe Random House FSC-DEU-0100
Das für dieses Buch verwendete
FSC-zertifizierte Papier *EOS*
liefert Salzer, St. Pölten.

Redaktion: Monika Köpfer, München

Umschlaggestaltung: Eisele Grafik-Design, Müchen
Umschlagfoto: Erika Selander, Östersund/Schweden
Fotos Farbbildteil: Barbara Imgrund
(mit freundlicher Genehmigung von N/a'an ku sê
Wildlife Experience Pty. und Albi Brückner)
Herstellung: Gabriele Kutscha
Satz: Leingärtner, Nabburg
Druck und Bindung: Pustet, Regensburg
Printed in Germany 2010
ISBN: 978-3-453-28013-7

www.ludwig-verlag.de

Der Gepard

Ich bin ein Geist. Gelb, gefleckt suche ich dich.
Ich bin der Wind, der durchs Buschgras streicht,
bin ein Traum, der nachts um dein Feuer schleicht.
Und ein mächtiger Wille erdachte mich.

Ich bin ein Raunen aus alter Zeit.
Hörst du nicht, wie ich vom Stirb und Werde
erzähle und singe vom Klagen der Erde?
Ich bin es, der tief in dir lautlos schreit.

Dies ist mein Land. Ich war vor dir hier.
Dies ist dein Land. Ich schenke es dir
unter schwarzen Tränen. Es ist dein Erbe.

Du lebst mit mir, und du stirbst, wenn ich sterbe.
Hüte es, hege es. Für mich und für dich.
Und dann sei wild, stark und frei. Wie ich.

Mondsüchtig

Schuld war wie immer der Vollmond. Ich hätte Stein und Bein geschworen, dass er das mit Absicht tat. Sehen konnte ich ihn nicht, aber natürlich wusste ich, dass er da oben am Himmel stand, in seiner fahlen, kalten Pracht, und auf mich herunterlachte. Um dann nach mir zu greifen, wieder einmal, mit Silberfingern, die durch die Vorhänge und übers Bett gekrochen kamen. Und nicht mehr loszulassen.

Ich gab es auf. Seit über zwei Stunden wälzte ich mich schon hin und her. Ohne Erfolg. Ich verwünschte den Mann im Mond und all die unschuldigen Schäfchen, die ich wieder und wieder gezählt hatte. Aber auch das half nicht. Es war immer dasselbe … Ich schlug die Bettdecke zurück und stand auf. Das Zimmer begann sich ein wenig zu drehen. Das kannte ich schon. Niedriger Blutdruck.

Ich machte kein Licht, als ich in den Flur tappte. Auch hier: überall Vollmond. Vielleicht hätte ich die Rollos herunterlassen sollen, auch wenn ich mich dabei immer ein wenig eingesperrt fühlte. Ausgeliefert den gefräßigen Schatten, die nur darauf lauerten, mich mit Haut und Haaren zu verschlingen. Wer weiß, vielleicht verbarg sich in ihnen eine eigene Welt voller nächtlicher Kreaturen? Dann hatte ich doch lieber den Vollmond im Haus. Mich schauderte ein wenig, und ich verschränkte die Arme vor der Brust.

Natürlich hätte ich ins Bett zurückkehren können. Oder Licht machen. Oder ein Lied summen, wie es Kinder tun, wenn sie sich im Wald fürchten. Aber das konnte schließlich jeder. In den Ratgebern, die ich von Berufs wegen lese, steht immer, dass man seine Angst nicht überwindet, indem man vor ihr davonläuft. Angst ist überall. Man muss sich ihr stellen. Man muss mitten hindurch. Erst dann kann man sie hinter sich lassen. Das leuchtete mir ein. Also los: nur nicht kneifen. Augen auf und vorwärts. Und so folgte ich der Leuchtspur des Vollmonds weiter den Flur entlang. Den Schatten, der drüben vor der Haustür sein Maul aufsperrte, übersah ich geflissentlich. Weiter, weiter, und schnell an etwas anderes gedacht …

Da kam mir der Schuhschrank zu Hilfe. Ich stieß so heftig mit dem großen Zeh dagegen, dass es leise knackte. Schmerz durchflutete mich wie eine heiße Welle. Ich stöhnte und griff mir an den Fuß, während ich mit der freien Hand an der Wand Halt suchte. Mit verzerrtem Gesicht wartete ich darauf, dass die Welle abebbte. Kein Gedanke mehr an die finsteren Nachtmahre in meiner Wohnung. Einundzwanzig … zweiundzwanzig … dreiundzwanzig … Ich holte tief Luft und öffnete die Augen.

Da fiel mir auf, dass meine Wohnung im Halbdunkeln irgendwie fremd aussah. Wie ordentlich es hier war. Aufgeräumt. Alles lag an seinem Platz und nirgendwo sonst. Tagsüber fand ich das hilfreich, aber jetzt, nachts, wirkte es ein bisschen leblos. Sterbenslangweilig. Ich kam mir wie in einem Museum vor – einem, das ich vorher noch nie besucht hatte. Vielleicht gehörte ich ja auch zu all den toten Ausstellungsstücken? Ich rieb mir den Fuß, um mich zu vergewissern, dass ich noch lebte. Es tat schon viel weniger weh. Seltsam, welche Hirngespinste einem die Nacht eingab, wenn man zu müde zum Schlafen war. Sie schärfte die Sinne, überreizte sie. Mit einem Mal betrachtete ich meine Wohnung mit vollkommen neuen Augen. Katzenaugen. Keine Farben, nur Formen, und alles ein wenig zu gewollt. Zu eckig. Unrund.

Ich erinnerte mich an den vergangenen Tag. Er war kein besonderer gewesen, einer von vielen eben. Immerhin Sonnenschein, und das Anfang Januar, wenn der Winter am grimmigsten sein kann. Von Schnee allerdings weit und breit keine Spur. Das neue Jahr scharrte noch in den Startlöchern und wusste nicht so recht, wie es werden sollte, und der Papagei der alten Dame schräg über meiner Wohnung plapperte dazu. Wie jeden Morgen. Meistens ahmte er Klingeltöne nach. Ich hatte mich schon oft gefragt, wo er all das nur aufschnappte. Wahrscheinlich hatte sein Frauchen ein Faible für Teleshopping und sah zu viel fern.

Bereits auf dem Weg von der Küche ins Arbeitszimmer, mit der Kaffeetasse in der Hand, stellte ich fest, dass ich schlechte Laune hatte. Schon wieder ein verunglücktes Manuskript, das ich druckreif texten sollte. Viel lieber hätte ich mich an die Übersetzung des Romans gemacht, der vor ein paar Tagen mit der Post gekommen war. Irgendetwas Launiges über eine Frau in den besten Jahren – also meinen. Dem Rückentext entnahm ich, dass sie Geister im Haus und eine nymphomane Mutter mit einem verhaltensgestörten Hund hatte. Wie spannend. Ich dagegen schlug mich mit Ratgebern herum, die entweder schlecht geschrieben oder schlecht recherchiert waren – oder beides. Oder mit Fachpublikationen, bei denen ich stur Anschläge und Erbsen zählen musste, um sie in die gewünschte Form zu bringen. Kurz gesagt: Ich half Büchern mit viel Mühe auf die Welt, um dann meinen Namen im Kleingedruckten des Impressums verschwinden zu sehen. Sicher, diese Arbeit musste irgendjemand erledigen. Nur vielleicht nicht ausgerechnet ich.

Als ich an den Schreibtisch trat, gluckerte mir das bildschirmschonende Aquarium in meinem Computer entgegen. Meerespflanzen bogen sich in der sanften Dünung, Luftblasen stiegen empor, um an der Wasseroberfläche zu zerplatzen, und bunte Fische schwammen hin und her. Darunter auch mein Liebling, der Rotfeuerfisch. Mit seinen Strahlenflossen segelte er durchs Wasser wie ein Vogel. Ein wenig verirrt, ein wenig verwirrt, aber frei. Da kam er gerade. Gegen den Strom. Natürlich. Ich setzte mich auf den Schreibtischstuhl, trank einen Schluck Kaffee und beobachtete ihn auf seinem Flug von rechts nach links. So lange, bis er davongeflattert war. Fisch hätte man sein müssen. Oder Vogel.

Bevor mein Blick ihm nach und aus dem Fenster fliehen konnte, blieb er an dem Papierstoß gleich neben der Tastatur hängen. All die eng beschriebenen Seiten schienen sich zu langweilen. Darauf zu warten, dass sich endlich jemand um sie kümmerte. Ich verstand den stummen Wink und drückte schweren Herzens die Escape-Taste. Wie eine Fata Morgana verschwand das Aquarium vom Bildschirm und machte vielen schwarzen Buchstaben auf weißem Grund Platz. Hinter der Kapitelüberschrift »Was hindert Sie am Glücklichsein?« blinkte ratlos der schwarze Balken und wartete auf Eingebung. Noch mindestens fünfzig Seiten bis Feierabend.

Fröstelnd kehrte ich aus der Erinnerung an den vergangenen Tag in diese schlaflose Nacht zurück. Mein Zeh hatte den kleinen Unfall unbeschadet überstanden. Ich tastete mich weiter durch das Halbdunkel. Der schwierigste Teil ist immer der Winkel zwischen Flur und Diele; hierher dringt nicht einmal der Vollmond. Dafür ist Platz für jede Menge Schatten. Die Kunst besteht darin, weder an die Wand noch an die Tür zu stoßen, die ins Wohnzimmer führt. Ich brachte diese gefährliche Passage ohne weiteren Zwischenfall hinter mich. Nun waren es nur noch ein paar Schritte, wieder freundlich begleitet vom Mondschein, der sich über die Balkontür Einlass verschafft hatte und mir quer durchs Zimmer entgegenstrahlte. Meine kalten Füße erspürten den flauschigen Läufer in meiner Lieblingsfarbe. Ich blieb stehen, weil das Orange so schön warm war, und ließ den Blick wandern. Vom Fernseher hinüber zum Sofa. Am Bücherregal blieb er schließlich hängen.

Ich folgte einem spontanen Impuls. Trat vom Läufer auf die kurzflorige, kühle Auslegeware – beige meliert –

und ging die paar Schritte hinüber. Vor dem Regal kniff ich die Augen zusammen, um sie besser sehen zu können: meine Bücher. Meine Heiligtümer. In Reih und Glied standen sie da, fein säuberlich auf Kante, wie Soldaten einer Kompanie, die auf den nächsten Befehl warteten. Man sah ihnen nicht an, dass ich sie alle gelesen hatte. Sie wirkten vollkommen unberührt. Kein Eselsohr, kein Fleck, keine Anstreichung. Nichts sollte sie entweihen, auch wenn solche Gebrauchsspuren der gedruckten Geschichte vielleicht eine neue hinzugefügt hätten. Niemand sollte ahnen, dass sie schon einmal ihre Geheimnisse ausgeplaudert hatten. Dass diese Papierwesen lebendig wurden, sobald man sie aufschlug, dass manche von ihnen wahre Wirbelstürme heraufbeschworen und manche nur ein laues Lüftchen. Warum wollte ich sie eigentlich für mich allein haben? Ich wusste keine Antwort darauf, vermutlich, weil ich mir diese Frage noch nie gestellt hatte. Es war eben so. Ich war eben so.

Mir kam ein alberner Gedanke. Wie ein aufdringliches Insekt umschwirrte er mich ein paar Augenblicke, um sich dann zielstrebig seinen Weg in mein mattes Gehirn zu bohren. Dort summte er hin und her und wollte sich, da er nun schon so weit gekommen war, nicht wieder verscheuchen lassen. Im Gegenteil, je angestrengter ich ihn loszuwerden versuchte, umso lästiger wurde er. Ich schloss und öffnete die Augen wieder, langsam, als könnte ich ihn auf diese Weise vertreiben. Fehlanzeige. Natürlich, denn Gedanken, besonders nach Mitternacht, sind oft recht widerborstige Quälgeister.

Dann hatte er mich so weit. Ich wollte es plötzlich selbst. Ja, ich war mir ganz sicher. Jetzt oder nie. Mit spitzen Fingern zog ich einen Roman aus dem Regal – freilich nicht ganz, nur ein paar Zentimeter, um nicht gleich zu übertreiben. Immerhin, es genügte, um ihn wie einen ungehorsamen Soldaten aus der Reihe tanzen zu lassen. Ich trat einen Schritt zurück und betrachtete mein Werk. Es fühlte sich irgendwie gut an, unten in meinem Bauch, etwa einen Fingerbreit über dem Nabel. Es brachte schon ein wenig mehr Leben in die Kompanie. Doch es war nicht mehr als ein Anfang.

Mir fiel der Rotfeuerfisch aus dem Aquarium in meinem Computer ein. Er musste schwimmen, er brauchte Bewegung, sonst erstickte er. Genau wie ich, dachte ich. Und mit einem Mal schien mir ein zweites Buch, ein Ratgeber ein Stück weiter rechts, ebenfalls fehl am Platz zu sein. Ich spürte, wie meine Hand zuckte. Keine Frage: Dort konnte er nicht bleiben. Ich war bisher nur zu blind gewesen, um es zu sehen. Jetzt, im Schein des Vollmonds, fiel es mir plötzlich wie Schuppen von den Augen. Rotfeuerfischschuppen. Dies war die Nacht, die Unruhe unter den Soldaten stiften sollte. Ich traf eine Entscheidung: Schluss mit den Halbheiten. Die Kompanie wartete auf Revolution. Wagemutig nahm ich das Buch aus dem Regal und legte es quer über seine Nachbarn. Achtlos sollte es aussehen, lässig. Selbstverständlich tat es das nicht. Aber ich übte ja noch.

Mein Blick blieb an einem Bildband hängen. Ein

Prachtstück, Großformat, durchgängig vierfarbig. »Tiere« lautete der schlichte Titel, und auch wenn ich den Wälzer schon lange nicht mehr in der Hand gehabt hatte, stand mir sofort der Leopard vor Augen, der sich im Mondlicht auf dem Cover räkelt. Seitdem ich denken kann, faszinieren mich Tiere. Immerhin bin ich die Tochter eines Jägers. Das Töten habe ich nicht von meinem Vater gelernt, aber die Pirsch. Ich habe Auerhähne auf der Balz belauscht und Murmeltiere beim Spielen beobachtet; ich weiß, wie Fuchslosung aussieht und ein Büschel Winterhaar vom Reh. Doch mein Herz schlägt für anderes Wild. Wilderes Wild. Raubkatzen, die fauchen und brüllen: Löwen, Tiger, Leoparden … und Geparden. Vor allem sie haben es mir angetan, die Gefleckten mit den schwarzen Tränenstreifen unter den Augen. Ich kann mich an diesen Gesichtern nicht sattsehen. Ich wusste lange nicht, warum.

Ich nahm das Buch aus dem Regal und stellte es aufrecht vor mich hin – so, dass wir auf Augenhöhe waren. Der Leopard, der Mond über seinem Kopf und ich. Nur wir drei. Es gab kein Entrinnen. Der Raubkatze schien es nichts auszumachen. Gelassen ruhte ihr Blick auf mir. Sie zuckte nicht einmal, als ich ihr über die Pranke strich. Behutsam, um sie ja nicht zu reizen. Sie ließ es geschehen, als gefiele es ihr, und ich meinte fast, sie vor Behagen schnurren zu hören. Wie der Leopard so dalag, wohlig, entspannt, beneidete ich ihn. Bestimmt schlief er immer gleich ein. Er ahnte ja nicht, dass mich der Vollmond, sein Freund, der auf dem Buch über ihn wachte, gelegentlich zur Verzweiflung trieb. Aus dem Bett und vor den Fernseher.

Dies war wieder so eine Nacht. Der Leopard konnte es ruhig wissen, ich hatte keine Geheimnisse vor ihm. Doch jetzt musste ich gehen. Zum Abschied kraulte ich sein rechtes Ohr. Wieder ein Laut der Zustimmung, diesmal ein hohes Maunzen, ganz leise. Es kann allerdings sein, dass mir meine Erinnerung einen Streich spielt und ich ihn mit einem anderen Leoparden verwechsle, mit dem ich mich erst einige Zeit später unterhalten sollte.

Ich wandte mich um, schritt zum Fernseher und schaltete ihn ein. Das Bild flammte auf. Ich ließ mich aufs Sofa fallen und zog die Fleecedecke bis unters Kinn. Auch sie ist orange, weil ich diese Farbe zum Warmwerden so brauche. Und schon saß ich in einem Zug, der zu weichgespülter Musik quer durch Deutschland ratterte. Aber es war nicht mein Zug, das sah ich gleich. Ich griff nach der Fernbedienung. Ein anderer Kanal. Space Night. Willkommen im Weltraum. Eine blau marmorierte Murmel im Hintergrund und davor ein Astronaut, wie ein Embryo an einer Nabelschnur klebend, schwebend durchs All. Nicht meine Welt und viel zu weit weg. Ich zappte weiter. Verkaufssender. Dann die Wiederholung einer Serie, die ich in den Achtzigern geliebt hatte und danach nicht mehr. Schlüpfrige Damen mit sehr rotem Mund und Telefonnummern quer über der Brust. Als Nächstes Meereswellen, die irgendwo in Polynesien an einen weißen Strand schlugen, wie der Sprecher erklärte. Ich seufzte. Meine Augen brannten bereits. Ich hatte schon mindestens drei Stunden Schlaf verpasst. Am folgenden Tag würde ich wieder schiefe Sätze übers Glücklichsein zurechtbiegen müssen. Aber statt im Bett lag ich hier auf dem Sofa und zappte mich langsam ins Morgengrauen.

Den Globus kümmerte das wenig, er zog unbeirrt weiter an mir vorbei. Soeben streifte ich die Mongolei; in der Ferne sah man eine Jurte und darum herum nichts als Steppe. Bis unter meine Decke meinte ich den eisigen Wind zu spüren. Ein weiterer Knopfdruck, und ich landete in einem Dorf in der Oberlausitz, in dem außer ein paar Hühnern und Ziegen fast keiner mehr wohnte. Irgendwann hatte dort jemand eine Burg erbaut. Sie stand noch, auch wenn vom alten Glanz nicht mehr viel übrig war. Aber wen interessierte das schon nachts um drei? Mit Blick auf den zerzausten Gockel im Burghof fasste ich einen Entschluss. Wenn der nächste Kanal wieder ein Flop war, würde ich mich zurück ins Bett wagen. Um zur Not noch eine Runde schattenzuboxen mit dem Vollmond. Aber vielleicht machte er ja auch endlich seinen Frieden mit mir.

Ich drückte auf den Programmvorlauf. Jetzt galt es. Hop oder top. Ich starrte auf den Bildschirm und war mit einem Mal hellwach. Denn er wurde gerade von Gelb überschwemmt. Ein paar schwarze Punkte waren auch dabei. Fell. Eindeutig Fell. Man sah jedes einzelne Haar. Als hätte die Kamera das Tier fast berührt. Aber welches Tier? Und ob es noch lebte? Ich wandte keinen Blick von der Mattscheibe. Dann hörte ich Schnurren. Laut und vernehmlich, wie von zehn Hauskatzen. Es klang schrecklich gemütlich. Wohl doch nicht tot.

Da verlor die Kamera auch schon die Freude an dieser Nahaufnahme und zoomte zurück. Die schwarzen Punkte schrumpften, wurden kleiner und kleiner. Ein Ohr rückte ins Blickfeld. Ein bernsteinfarbenes Auge mit dunkler Pupille und schwarzer Umrandung. Dann, darunter, vom inneren Augenwinkel ausgehend, ein schwarzer Streifen, wie die Bahn einer Träne. Er schlängelte sich um eine breite Nase herum. Ein Tränenzwilling tauchte auf, rechts, unter dem zweiten Auge. Auch er floss abwärts, nur spiegelverkehrt, an einer glänzenden Schnauze vorbei. Gelangte wie der andere an einen weißen Bart aus Schnurrhaaren. Um schließlich, nach einem angedeuteten Bogen, von einem Maul verschluckt zu werden, das etwas zu klein geraten schien. Und das Gesicht war fertig, vollendet wie von der Hand eines Meisters.

Im Schlafzimmer wurde mein Bett kalt und kälter. Zu früh gefreut, Mond. Kein Schattenboxen. Kein Quälgeistern mehr. Denn da, als dieser Kopf vor mir geboren war, ahnte ich schon. Wusste ich schon. Meine Nachtwache hatte gerade erst begonnen.

Sofa, in den frühen Morgenstunden. Reisefiebrig

Es gibt keinen Zufall. Natürlich nicht. Es gibt Schicksal, Vorsehung, den Vollmond und diesen Leoparden auf meinem Buch. Sie haben mich mitten in der Nacht aufs Sofa gelockt. Dabei war ich doch viel zu müde. Zum Wachsein. Zum Schlafen … Nur jetzt nicht mehr. Jetzt fahre ich nämlich nach Afrika.

Auf dieser Farm aus dem Fernsehen kann man Geparden streicheln. Affen hüten. Wilde Tiere schützen. Wie glücklich all die freiwilligen Helfer wirkten. Ich will das auch. Dieses Schnurren muss ich selbst einmal hören. Dieses Fell einmal spüren. Es macht mir nichts aus, im Urlaub zu arbeiten und dafür auch noch zu bezahlen. Es ist für die Tiere. Es ist für mich. Also auf nach Afrika. Am liebsten sofort.

Übrigens war ich schon ziemlich häufig dort. Damals, als kleines Mädchen. An jedem Samstagnachmittag, wenn ich nicht irre, in der Buschklinik, beim Daktari. Oder abends, im Schlafanzug, wenn ich mit Grzimek und Sielmann auf Safari ging. Dann, eines Tages, als ich schon wusste, was Trauern ist, trat Meryl Streep als Baronin Blixen in mein Leben, und es brach mir das Herz … Nicht wegen Redfords Tod, sondern weil sie ihr Kenia für immer verließ. In Dänemark ist sie dann alt geworden. Gestorben. Jenseits von Afrika. Erst viel später habe ich begriffen, dass der Film eben darum so heißt.

Ich kenne Afrika also sehr gut. So gut, dass ich bis eben nicht wusste, wie dringend ich es mit eigenen Augen einmal sehen muss … Manchmal wundere ich mich, wie viel ich nicht von mir weiß. Vielleicht liegt es daran, dass ich mir nicht genug Fragen stelle. Ich frage mich nicht, wie die Dinge wohl sein könnten, ich nehme es hin, dass sie sind, wie sie sind. Ich grüble nur, wenn mein Hirn in Vollmondnächten wie dieser am Schlafhormon spart. Dann kann ich mich richtig verbeißen in »hätte« und »könnte« und »eigentlich«. Gelegenheiten sezieren, die ich nicht nutze oder gar nicht erst habe. Mich selbst bedauern. Dann fühlt sich alles so watteweich an. Mit einem Hauch von Blei. Wie schon mal gelebt. Wie überhaupt noch nicht gelebt …

Mein Leben ist ordentlich. Stromlinienförmig. Mit Kniff im Kissen und alles auf Kante. Überraschungen gern, aber nur nach Anmeldung, bitte. Ich weiß, wer ich bin. Was ich kann. Glaube ich. Glaubte ich … Ganz sicher bin ich mir nur bei meinen Ratgebern. Glücksforschung, Kräuterheilkunde, Persönlichkeitsstörungen. Ein Tag ist gelungen, wenn ich ein Manuskript knacke. Wenn ich Fehler behebe und Sätze entwirre. Denn das ist es doch, was vor allem zählt: das Chaos zu ordnen und Klarheit zu schaffen. Hauptsache, ich weiß, wo ich nachschlagen kann. Wo Lösungen stehen. Damit nur nichts aus dem Ruder läuft.

Ich kontrolliere gern, plane. Denn ich muss doch wissen, was als Nächstes passiert. Tagsüber erkläre ich den Lesern die Welt. Abends dann treffe ich Freunde oder gehe zum Sport. Am Wochenende Hausarbeit, Einkaufen, ein bisschen Kultur und Natur. Von allem in Maßen. Kein Kind, ein Pflegehund drei Tage die Woche, ein Mann dann und wann, aber nie derselbe. Und gelegentlich eine kleine Krise. Das reicht doch zum Leben. Bisher war ich zumindest zufrieden damit. Aber jetzt will ich auf einmal Geparden streicheln. Die Ordnung verkehren. Und etwas suchen, das mir gar nicht fehlt.

Vielleicht ist »zufrieden« ja doch nicht genug. Vielleicht geht auch noch mehr … Warum sonst treibt es mich auf diese Farm aus dem Fernsehen, nach Namibia, von jetzt auf gleich, unbedingt und mit aller Gewalt? Warum sonst will ich Raubtiere füttern, Buschgras schneiden und meinen Urlaub opfern, um hart zu arbeiten? Ich kann es nicht sein, die das will, denn ich kenne mich anders. Als wäre auf einmal ein fremder Wille in mir. Ein fremdes Wissen, dies tun zu müssen. Wie war der Name der Farm? N/a'an ku sê – »Gott wacht über uns«. Die Buschmänner schnalzen die Laute, es klingt wie ein Schmatzen. Man bricht sich fast den Gaumen dabei. Das passt zu wahnwitzigen Einfällen frühmorgens um drei.

Dabei ist »wahnwitzig« ein Wort, das in meinem Vokabular so gut wie nicht vorkommt. Bisher habe ich schließlich nur brav funktioniert. Ich weiß nicht, wie sich »wahnwitzig« anfühlt, wie es aussieht, schmeckt, riecht oder klingt … Aber vielleicht gehört es dazu, wenn man ganz sein will, und ich verpasse bisher das Beste von allem. Vielleicht ist Glück ja nicht Warten. Oder Ausharren. Sondern Losgehen. Machen. Probieren. Egal was … Einen Versuch wäre es wert, wenigstens einmal im Leben. Das hier kenne ich zu lange, und eine ganze Weile war es auch gut, wie es war. Doch jetzt reicht es nicht mehr. Aus heiterem Himmel.

Okay, dann ist dies also die Stunde. Entscheiden muss man sich heute, nicht gestern oder erst morgen. Ich bin knapp über vierzig, worauf warte ich noch? Es ist längst nicht zu spät für ein paar Abenteuer. Nur kann man vom Sofa aus keine fremden Länder entdecken. Und wer weiß, vielleicht schläft ja ein ganzer Kontinent in mir … Also los, Mädchen, steh auf, geh ihn wecken. Pack deine Träume von Wildnis aus, staub sie ab. Weg mit den Spinnweben der verschlafenen Jahre. Wahnwitz. Wagnis. Wörter, die zu mir nicht recht passen. Wo seid ihr? Findet ihr mich, obwohl ich euch noch nie suchte? Ich will Afrika atmen. Den roten Wüstenwind spüren. Vor dem Brüllen des Löwen erschrecken. Und endlich so gern einmal mutig sein.

Schon lange habe ich mich ihr nicht mehr so nahe gefühlt, jener Frau, die zu werden ich mir als Mädchen schwor. Sie wollte die Sprache der Tiere verstehen, die Kleine, Ball spielen mit der sinkenden Sonne, Tarzans Jane sein, die Herrin des Urwalds, und vor allem einfach nur frei. Es wird Zeit, dass ich ihr diesen Wunsch erfülle, denn ich habe sie viel zu lange enttäuscht. Ihre Träume missachtet. Jetzt gilt Wegschauen nicht mehr. Dafür scheint der Vollmond zu hell. Zwingt zum Hinsehen. Ob ich will oder nicht. Ich brauche Licht. Luft. Ich ertrinke in Watte, im Nichts, wenn ich bleibe … Darum: vorwärts. Bewegung. Endlich Aufbruch und fort.

Ich bin nicht tot, ich habe nur etwas zu lange geschlafen. Noch ist Zeit. Zeit zum Aufwachen. Zum Anders- und Bessermachen. Ich will nicht länger erstarren in Notlösungen, die so praktisch sind, dass man ihre Fesseln nicht spürt. Ich will nicht ersticken an Ausreden, warum ich nicht die bin, die vielleicht in mir steckt. Ich will keine Chance mehr versäumen, nur weil sie mir nicht bequem genug ist … Ich will ich sein, so wie ich gemeint war – nicht, wie ich mich haben wollte all diese Jahre. Ich will mich entpuppen, mich befreien aus meinem Wattekokon. Ich will Farbe, bunt, grell, nicht mehr Schwarzgrauweiß … Ich will fühlen, mich und so viel wie möglich von dieser Welt. Ich will mich verirren und finden tief drinnen in mir. Und dann will ich ganz werden, und sei es auch nur einen Wimpernschlag lang …

All das hat wohl tief geschlummert in mir, war vergessen, vergraben, verbannt. Aber nun scheint der Mond, der Leopard liegt im Regal auf der Lauer, und Afrika schnurrt im Nachtprogramm. Und schon bin ich bereit, den Verstand zu verlieren. Doch besser ihn als noch einmal mich selbst … Ich verspreche es, Kleine: Von heute an folge ich unseren Träumen. Wir werden mit der sinkenden Sonne spielen, den Urwald hüten, wilde Tiere belauschen. Und endlich ein bisschen glücklich sein …

Leopard, du hast mir gut ins Gewissen gefaucht. Und du, Vollmond, willst mir schon lange nach Afrika leuchten, ich weiß, ich war bis heute nur viel zu blind dazu. Manchmal braucht man eine besondere Nacht, um sehen zu können. Eine wie diese, mit genug Dunkel. Mit genug Licht. Jetzt ist allerdings nicht mehr viel übrig davon. Das Schwarz draußen wird bereits grau. Bald kommt der Tag. Und ich glaube, wir drei haben hier nichts mehr zu tun.

Gute Nacht, ihr beiden. Ich gehe jetzt schlafen. Träumen. Von Afrika. Den Geparden. Vom Anderssein. Von Aufregung und Abenteuer. Und wenn ich sie treffe, grüße ich die Kleine von euch …

Ich fuhr mir über die Augen. Sie brannten nicht mehr, sie fühlten sich nur noch klein an. Es wurde Zeit. Ich drückte auf die Aus-Taste der Fernbedienung. Gehorsam erlosch der Bildschirm. Nur noch ein schwaches, grauschwarzes Glimmen war zu erkennen, das allmählich erstarb.

Ich war furchtbar müde und zufrieden, auch weil ich wusste, dass mich der Vollmond nun in Ruhe lassen würde – jetzt, da sein Werk getan war. Ich stand auf. Es war kühl im Raum, aber ich spürte es kaum. Ich hatte genug namibische Sonne für zehn Winternächte in mir. Schon wollte ich die orangefarbene Decke ordentlich zusammenlegen, da fiel mir ein, dass das ja nun nicht mehr ging. Zerknautscht, wie sie war, ließ ich sie liegen, auch wenn ich mich ein wenig schuldig dabei fühlte.

Dann – ich war schon fast am Regal vorbei – meinte ich, etwas zu hören. Es kam von dem Ratgeber, den ich vorsätzlich quer gelegt hatte. Ich sah es ihm an: Auch er wollte mich in Versuchung führen. »Stell mich wieder zurück«, schien er zu flüstern. Und wirklich – beinahe hätte ich die Hand nach ihm ausgestreckt. Ich beherrschte mich gerade noch rechtzeitig. Sollte er meinetwegen bis zum Sankt-Nimmerleins-Tag dort bleiben, wo er war.

Ich nickte. Am besten, ich fing sofort an, mich daran zu gewöhnen. Denn ich hatte doch gerade beschlossen, nach Afrika zu fahren. Und in Afrika war es bestimmt manchmal auch etwas unaufgeräumt.

Die Farm

Namibia hatte schlechte Laune. Es war Winter. Die Trockenzeit hatte tiefe Wunden in den Erdboden gerissen, und von der Küste fegte ein bitterkalter Wind ins Landesinnere. Wie ein unartiges Kind zerrte er an meinem Haar, als ich in Windhuk auf die Gangway trat. Ich sollte nur nicht glauben, dass ich hier willkommen war.

Nach dem langen Nachtflug fand ich die frische Luft wohltuend. Ungefähr einen Atemzug lang. Dann dachte ich schon wehmütig an den heißen deutschen August zurück, den ich zehn Stunden zuvor hinter mir gelassen hatte. Warum musste ich auch im Sommer über den Äquator fliegen? Auf der südlichen Halbkugel mein Glück suchen, während sich daheim alle am Badesee aalten? Es geschah mir ganz recht, wenn ich nun trotz meiner Fleecejacke schlotterte. Ich biss mir auf die Lippen, während ich die Stufen hinunterstieg. Was hatte ich mir da nur wieder eingebrockt.

Natürlich hatte ich in den letzten Monaten genügend Zeit gehabt, Angst vor meiner eigenen Courage zu bekommen. Am Tag nach der schlaflosen Vollmondnacht war ich im Internet fündig geworden. Ich hatte die Farm angeschrieben und, noch immer wild entschlossen, gebucht: vier Wochen Farmarbeit, Dreibettzimmer, Vollpension – Muskelkater und Durchfall vermutlich inklusive. Zunächst war ich stolz auf mich gewesen. Ich hörte mir selbst ehrfürchtig zu, wann immer ich Freunden von meinem Vorhaben erzählte. Namibia! Tierschutz! Wildnis! Das klang nach »Jenseits von Afrika«. Mittendrin statt nur dabei. Ich sonnte mich in den bewundernden Blicken der anderen.

»Hast du Mut! Allein nach Afrika!«, sagte meine Mutter zu mir. »Aber warum muss es denn unbedingt eine Farm sein? Du arbeitest doch sowieso schon zu viel. Und wer weiß, welche Tiere es da gibt!«

»Genau deshalb fahre ich ja hin«, erwiderte ich. »Wegen der Tiere.«

Natürlich war mir klar, dass ich mit Schlangen rechnen musste. Mit Spinnen, vor denen ich eine mittelprächtige Phobie habe, und mit weiterem Kriechgetier. Ich sagte mir, dass ich eben das eine nicht bekommen würde, ohne auch das andere in Kauf zu nehmen. Keine Geparden ohne das Geschmeiß. No risk, no fun. Nach jener Nacht unter den Augen des Vollmonds konnte ich nicht mehr so tun, als wäre nichts geschehen. Ich konnte das Rad nicht einfach zurückdrehen und weitermachen wie bisher. Business as usual. Nein, alles würde ganz anders werden. Ich würde ganz anders werden. Doch diese Veränderung bekam ich nun mal nicht auf dem Silbertablett serviert. Ich musste sie mir verdienen, sonst war sie nichts wert. Selbst wenn das bedeutete, dass ich mich auf große, haarige Arachniden einstellen musste.

Der erste Stolz auf mich war bald dahingeschmolzen wie vor meinem Fenster der spärliche Schnee in der Wintersonne. Immer beklommener und kleinlauter arbeitete ich die Liste ab, die die Farm mir geschickt hatte. Was musste nicht alles erledigt werden: Arbeitshandschuhe, Multifunktionstaschenmesser, Medikamente und tausend Kleinigkeiten waren zu besorgen, im Tropeninstitut musste ich mich gegen Tollwut und andere Krankheiten impfen lassen, und natürlich war mein Reisepass vor einem halben Jahr abgelaufen. Je mehr Posten ich auf der Liste abhakte und je näher der Tag der Abreise rückte, desto nervöser wurde ich. Außerdem hatte ich im Fernsehen und auf der Website fast nur junge Volontäre gesehen. Sehr junge Volontäre. Dagegen fühlte ich mich wie eine Greisin. Aber es half nichts: Wie alles andere würde ich auch das hier zu Ende bringen, eisern, gegen sämtliche Widerstände. Einen Rückzieher machen? Das kam gar nicht in Frage. Also musste ich den nächsten Schritt tun. Ins kalte Wasser springen und schwimmen.

Und nun war ich da. Im Flughafengebäude angekommen, wurde es sofort wärmer. Ich zog die Jacke aus. Es war noch sehr früh am Morgen, aber man spürte bereits, dass hier auch im Winter die Tagestemperaturen auf fünfundzwanzig Grad und darüber klettern können. Ich reihte mich in die Schlange vor einem der Visaschalter ein. Mein Sitznachbar aus dem Flugzeug – er hatte mich seit Nordafrika bei Laune gehalten – stand plötzlich wieder neben mir und plauderte erneut auf mich ein. Ich ließ ihn reden, nickte ab und zu und sah mich beiläufig um.

Die Flughafenangestellten waren ausnahmslos Schwarze. Und sie schienen es alle nicht besonders eilig zu haben. Gemessenen Schrittes schlenderten sie einher und gaben uns Touristen das Gefühl, Luft für sie zu sein. Manche unterhielten sich in einem drolligen Englisch, das ich mühelos verstand, andere riefen sich Worte in einer Sprache zu, die an Niederländisch oder, ganz entfernt, an Plattdeutsch erinnerte. Das musste Afrikaans sein.

Vor allem die kunstvollen Frisuren der Frauen stachen mir ins Auge. Manche trugen das Haar in üppige Knoten geschlungen, andere zu Kronen aufgetürmt und wieder andere zu winzigen, akkuraten Zöpfen geflochten, die an der Kopfhaut zu zerren schienen. Wie ein kleines Kind bestaunte ich diese Frauen. Für meine Begriffe hatte jede einzelne von ihnen das Gesicht einer Statue, ebenmäßig, mit großen Augen, schimmerndem Teint und vollen, geschwungenen Lippen. Jetzt begriff ich, warum sie sich so langsam fortbewegten: Göttinnen haben alle Zeit der Welt.

Endlich war ich an der Reihe. Ich trat vor die Beamtin, die hinter dem Schalter saß – auch sie eine Diva vom Scheitel bis zur Sohle. Sie würdigte mich keines Blickes, bewilligte aber immerhin mein Visum: maximal neunzig Tage Aufenthalt. Damals erschien mir das noch endlos lang. Ja, selbst die vier Wochen Urlaub, die vor mir lagen, kamen mir wie eine Ewigkeit vor. Woher hätte ich wissen sollen, dass die Zeit auf diesem Kontinent mit unserer Zeit nur den Namen gemein hat. In Afrika entscheiden die Elemente und der Stand der Sonne, wann man wie viel Zeit hat und wann nicht. Und in einem

Monat erlebt man dort so viel wie zu Hause in einem Jahr.

Mein Koffer war einer der ersten, die das Gepäckband ausspuckte. Irgendjemand oder -etwas – vielleicht die Mitarbeiter der Fluggesellschaft, vielleicht die Turbulenzen über dem Mittelmeer – hatte es fertiggebracht, die Hartschale zu knacken. Eine ganze Ecke war weggesprengt, sodass meine Habseligkeiten nur noch durch das Innenfutter zusammengehalten wurden. Ein Fall für die Reklamation. Ich nutzte die Gelegenheit, um mich von meinem Reisebegleiter zu verabschieden. Ich war übermüdet, verschwitzt und offenbar gerade auf einem fremden Planeten gelandet – mit einem Wort: entnervt. Namibia schien sich nicht viel Mühe mit mir geben zu wollen.

Doch ich hatte Glück. Nach überraschend kurzer Verhandlung mit einer Angestellten der Fluglinie unterschrieb ich eine Schadensmeldung und konnte endlich mit meinem Kofferwrack im Schlepptau den Zoll passieren. Die Ankunftshalle hatte sich bereits geleert, die meisten Reisenden waren abgeholt worden. Das Schild mit meinem Namen darauf sprang mir deshalb sofort ins Auge. Es wurde von einer schwarzen Hand gehalten. Mein Blick wanderte an dem zugehörigen Arm entlang und blieb an einem älteren Gesicht hängen, das mich streng musterte. Es war ebenfalls schwarz und voll des Vorwurfs.

Ich steuerte auf den Mann zu. »Das bin ich«, sagte ich auf Englisch und deutete auf das Schild.

»Sie sind spät dran«, gab er kurz zurück.

Schuldbewusst wies ich auf den Koffer. »Ich musste noch …«

»Kommen Sie.«

Er war offenbar nicht an Erklärungen interessiert und wandte sich zum Gehen. Auf die Idee, mir mit dem Gepäck zu helfen, kam er nicht, und ich wollte dem armen Mann das Leben nicht noch schwerer machen. Ich folgte ihm hinaus ins Freie. Mittlerweile schien die Sonne von einem strahlenden Himmel, und der Wind war abgeflaut, sodass ich gut auf meine Jacke verzichten konnte.

Wir fuhren schweigend los, was mir Gelegenheit gab, mich an den Linksverkehr und die fremdartige Landschaft zu gewöhnen. Ich wusste, dass es vom Flughafen aus etwa zwanzig Kilometer bis zur Farm waren. Aber ich wusste nicht, dass sie praktisch durch den Busch führten. Zäune markierten, wo die eine Farm aufhörte und die andere begann; ansonsten wäre man nicht auf die Idee gekommen, dass diese Gegend auf 1600 Metern Meereshöhe landwirtschaftlich genutzt wurde oder gar bewohnt war. Ich fand sie verlassen, fast öde. Ich kannte ja auch die Wüste noch nicht. Doch weite Teile des namibischen Buschs sind tatsächlich Farmland. In der Ferne, weit zurückgesetzt von der Straße, blitzten alle paar Kilometer vereinzelt Häuser oder die kümmerlichen Hütten der Schwarzen auf, nur um sich sofort wieder hinter Buschwerk und Bodenwellen wegzuducken, so als müssten sie vor dem scharfen Blick eines

Raubtiers Schutz suchen. Da und dort ragten Windmühlen auf staksigen Beinen ins Blau; sie pumpten Grundwasser, das Brunnen, Tränken und Wasserlöcher speiste, an die Erdoberfläche. Weit. Dieses Land war so weit.

Bald bogen wir von der Asphaltstraße auf eine breite Schotterstraße ab. Hier konnte man sehen, was die Trockenzeit dem Land angetan hatte. Überall war der Boden in der Sonne hart gebacken und aufgeplatzt, waren Pflanzen verwelkt. Im Seitenspiegel entdeckte ich, dass wir eine rote Staubfahne hinter uns herzogen. Sand hatte sich auch über die Vegetation zu beiden Seiten der Straße gelegt. Akazien, Dornbüsche und selbst das Buschgras, das in der Wüste so gelb sein kann, sahen fahl und leblos aus, fast wie von einem hauchdünnen Leichentuch bedeckt. Aus irgendeinem Grund musste ich an Schneewittchen in seinem gläsernen Sarg denken. Auch diese Schönheit hier mochte auf den ersten Blick blass und tot wirken. Aber sie war voller Leben.

Das Gequäke des Radios erreichte mich nicht mehr. Ich spürte eine seltsame Rührung, ein Mitgefühl mit allen Lebewesen, die unter dieser Dürre litten. Sie wussten ja nicht, was ich wusste: dass dies der Lauf der Natur war. Dass irgendwann der Regen zurückkehren würde. Plötzlich regten sich Zweifel in mir. Vielleicht wussten all die Geschöpfe da draußen es ja doch, irgendwo in einem uralten Zellgedächtnis, in ihrer DNA, und nur ich war diejenige, die gar nichts verstand … Ich hörte kleine Steine unter den Rädern des Jeeps wegspritzen und bemerkte, dass Sand zwischen meinen Zähnen knirschte. Und dann sah ich ihn.

Ich bin im Wald und in den Bergen aufgewachsen. Dort habe ich auf kleinste Zeichen zu achten gelernt: auf einen dunklen Fleck im Gras, der ein Rehkitz sein könnte, oder ein Rascheln im Unterholz, mit dem sich das Wiesel verrät. Vielleicht war das Gehörn des Kudubullen zu ebenmäßig geschwungen, wie gedrechselt, als dass ich es für Geäst hätte halten können. Jedenfalls schaute ich noch einmal hin. Er selbst stand vollkommen reglos da und blickte uns wachsam entgegen. Ich bewunderte seine Tarnung. Das Graubraun seines Fells verschmolz mit dem Gras und dem Buschwerk um ihn herum, während die weißen Streifen an seinen Flanken und der dunkle Bart am Brustgrat perfekt das Schattenspiel eines Buschs in der Sonne imitierten. Für den flüchtigen Betrachter war die mächtige Antilope praktisch unsichtbar, obwohl sie nur ein paar Meter abseits der Straße stand, dort, wo der Busch begann.

Der Fahrer hatte den Bullen lange vor mir bemerkt. Er reagierte schon, während ich noch staunte, und trat auf die Bremse.

»Hallo«, sagte der Fahrer. Mit einem Seitenblick vergewisserte ich mich, dass er den Kudu meinte. »Wo ist denn dein Harem?«

»Harem?«, fragte ich.

Der Mann nickte zum Zaun hinüber. »Seine Frauen.«

Ich konnte keine weiteren Tiere erkennen. Augenscheinlich warteten sie lieber hinter den Büschen ab, wie sich die Dinge entwickelten.

»Er ist alt.« Sieh an, plötzlich wurde der Fahrer gesprächig.

»Weil er so groß ist?«, schlug ich vor.

Er schüttelte den Kopf. »Wegen der Stangen. Drei Windungen. Er ist zehn Jahre alt, vielleicht auch älter.«

Da warf der Bulle auch schon den gewaltigen Kopf herum. Wir gefielen ihm offenbar nicht, und so traten zweihundertfünfzig Kilo Lebendgewicht den Rückzug an. Dort, wo seine Hufe den Boden aufrissen, stoben kleine Staubwolken auf. Sein Stampfen ließ erahnen, wie schwer das Tier war. Im Nu hatte es den Zaun erreicht und war – ohne dass ich recht wusste, wie – darüber gesprungen. Innerhalb von Sekundenbruchteilen schnellten die Büsche zur Seite und wieder zurück, und schon hatte sich der Bulle in Luft aufgelöst. Wie ein Geist war er verschwunden.

Das war meine erste Begegnung mit dem Kudu. Dieser Streckenabschnitt schien in seinem Revier zu liegen, denn ich sah sein kleines Rudel später noch häufiger dort. Während mein Begleiter wieder Gas gab, überlegte ich, ob Röntgenaugen oder der sechste Sinn dafür verantwortlich waren, dass er die Kühe durch das dichte Buschwerk hindurch hatte ausmachen können. Doch er hatte sich bereits wieder in Schweigen gehüllt, und so wagte ich nicht, danach zu fragen.

Die Schotterstraße folgte weiter dem Zaun, und eine knappe Viertelstunde später hielten wir vor einem Tor.

Zu beiden Seiten war auf großen, glatt polierten Steinen der Name der Farm eingraviert: N/a'an ku sê. Mein Magen krampfte sich zusammen. Wir waren da. Ein schwarzer Mitarbeiter trat aus dem winzigen Wächterhäuschen und öffnete uns. Als ich mich umsah, konnte ich weit und breit keine Farmgebäude entdecken. Dann fiel es mir ein. Natürlich – wo es so viel Platz gab wie hier, stellte man sein Haus ganz bestimmt nicht an die Straße.

Und richtig, es dauerte noch einige Minuten, bis die ersten Bungalows in Sicht kamen. Sie waren in Tarnfarbe gestrichen und sahen recht hübsch aus. Gepflegt und einladend. Ich musste über mich selbst lachen. Hatte ich meinem Ordnungswahn nicht den Kampf angesagt? Um nicht wieder rückfällig zu werden, hätte ich mir eigentlich weniger komfortable Unterkünfte wünschen müssen.

Mein Wunsch ging praktisch sofort in Erfüllung. Denn wir fuhren gerade auf den Hof der Farm. Und mein »Jenseits von Afrika«-Traum zerplatzte mit einem lauten Knall.

Neuer Block, acht Uhr abends. Jenseits von Gut und Böse

Ich bin ein Alien. Vom Mutterschiff ausgesetzt. Verbannt und verstoßen … Ich habe Namibia gebucht, aber wo bin ich gelandet? Dieses Universum habe ich nicht bestellt. Ich kann das hier nicht. Ich will nach Hause. Bitte beamt mich zurück.

Ankommen und fremd fühlen … Baronin Blixen wollte ich sein. Wie Aschenputtel fühle ich mich. Ich war noch nie so klein. Müde. Leer. Und damit nicht genug: Ein Backenzahn klopft und hämmert seit dem Biss auf einen Knochen in der Bordmahlzeit. Hier gibt es kein Gutshaus. Kein Safariflair. Nur Volontäre, bluttriefend vom Hacken des Fleisches, das an die Raubkatzen und Wildhunde verfüttert wird. Essen in Tupperware. Bissige Erdmännchen. Und keinen Schrank …

Was hatte ich denn erwartet? Habe ich nicht groß verkündet, ich wollte die Farm aufbauen helfen? Und hier ist ja wirklich noch jede Menge zu tun. Dabei macht man sich nun mal die Hände schmutzig. Man ackert und schuftet, und man bezahlt dafür. Man steht mit der Sonne auf und geht mit ihr schlafen. Man lässt sich von Erdmännchen gleich nach der Ankunft beißen, weil sie gern Finger mit Futter verwechseln. Man teilt mit zwei Wildfremden das Zimmer, das noch auf seinen Anstrich wartet. An den Mauern nur roher Verputz, der Boden ist blanker Estrich. Die Wände reichen nicht bis zum Dach hinauf, sodass uns der Wind um die Ohren pfeift. Es gibt keine Fensterscheiben, nur Moskitogitter und Stoffjalousien. Ich trage Skiunterwäsche. Meinen dicksten Pyjama. Socken und Schal. Liege im Schlafsack, darüber Bettzeug und eine zusätzliche Decke. Und ich friere noch immer! Hier in Namibia ist Winter. Und Heizung ein Fremdwort. Ach, und das Gemeinschaftsbad liegt am Ende des Blocks. Man braucht eine Taschenlampe, wenn man nachts mal muss.

Das ist wohl der Deal. Er heißt »Ehrenamt«. Man opfert Zeit, Kraft und Geld für eine Sache, an die man glaubt. Ich wollte das hier – genau das und nichts anderes. Keinen Pauschalurlaub aus dem Prospekt. Ich wollte Afrika. Und ich kriege Afrika! Da draußen liegt es. Gleich hinter der Tür fängt es an, keine zehn Schritte von hier. Dies ist das letzte Gebäude, danach kommt nur noch Busch.

Und in dem grillt und zirpt es nach Strich und Faden. Wo sind meine Ohrenstöpsel? Ich will endlich schlafen … Ist das etwa ein

Gecko? Sie bellen angeblich, hat ein Mädchen erzählt … Und was war das? Ein hohes Lachen. Es klingt irgendwie irr … Aber es ist kein Mensch. Ein Schakal vielleicht. Ob er beißt, wenn man sich nachts beim Klogang trifft?

Vorhin, im Bad, diese Stabheuschrecke – potthässlich und handspannenlang. So etwas sieht man sonst nur im Zoo. Jagdspinnen gibt es wohl auch. Ich bete, dass sich unsere Wege niemals kreuzen werden. Und wer weiß, wovor man sich hier sonst noch fürchten muss.

Ach, Mädchen, komm schon. Stell dich bloß nicht so an. Sonst bist du doch auch nicht so zimperlich … Wenn ich immer gut aufpasse, kann bestimmt nichts passieren. Unsere Koordinatorin wird uns morgen schon sagen, was wir wissen müssen: über die Farm und die Arbeit und all die Gefahren, die im Busch auf uns lauern. Jo heißt sie. Sie ist Britin. Jung. Nett. Wenn sie nur langsamer reden würde. Überhaupt verstehe ich oft nur Bahnhof. Kein Wunder bei dem Nationengemisch: Iren, Engländer, Schotten, Waliser, ein paar Amerikaner und Australier sind auch mit dabei. Selbst Jessie aus Wales, die links von mir schläft, hat sich schon über all die Dialekte beschwert. Dabei hat sie leicht reden: Sie kann überall auf der Welt ihre Muttersprache sprechen. Sich gleich ein bisschen zu Hause fühlen. Überhaupt scheinen hier alle sehr miteinander vertraut. Auf mich hat doch sicher kein Mensch gewartet …

Meine Güte. Die Reise war anstrengend, bestimmt sehe ich deshalb so schwarz. Das ist wieder mal typisch für mich. Doch allmählich bin ich selbst für düstere Gedanken zu müde. Mir ist alles egal, selbst der tobende Zahn, die Bisswunde am Finger. Ich will nur noch schlafen … Das ist der Plan: mich ausruhen, den Schreck verdauen und endlich ankommen. Durchatmen und wieder neugierig werden. Und dann sehen wir weiter … Denn da draußen sind irgendwo auch die Geparden. Sie sind mein Preis. All das hier für sie – das ist der Tausch.

Also gut. Alles auf Anfang. Wie heißt es so schön in »Vom Winde verweht«? »Morgen ist auch noch ein Tag.«

Genau.

Tag zwei begrüßte mich schwanzwedelnd. Als ich die Zimmertür öffnete, stand Sabu draußen im Sonnenschein. Sabu, der schwarzgelb gestromte Labradorrüde, der kaum dem Welpenalter entwachsen war. Es mag purer Zufall gewesen sein, doch er war zur richtigen Zeit am richtigen Ort und sah mir so entzückt entgegen, als wäre dies schon seit eh und je unser kleines, geheimes Ritual. Ich schloss ihn sofort ins Herz und begann zu hoffen, dass hier vielleicht doch jemand Notiz von mir nehmen könnte. Von da an blieben wir einander freundschaftlich verbunden. Auch wenn er nie wieder vor meiner Tür auf mich gewartet hat.

Es war erst Viertel nach sieben, doch die Sonne stand schon hoch über dem Horizont. Hier, zwei Grad nördlich des Südlichen Wendekreises, war die Nähe zum Äquator noch deutlich spürbar. Die Sonne ging ebenso rasch auf, wie sie abends wieder vom Himmel fiel. Sommers wie winters, sodass man sich sehr beeilen musste, wenn man gute Bilder schießen wollte. Das Fotomodell hielt einfach nie still.

Ich sah schon wieder viel fröhlicher in die Welt. Die Betten waren ganz neu und die Matratzen noch nicht durchgelegen, und ich hatte lange und gut geschlafen. Wenn es nur noch wärmer würde … Auf dem Weg ins Bad wickelte ich mich in meinen Anorak ein. Dass die Temperaturen im Juli und August nachts weit unter null Grad fallen können, glaubte ich sofort. Nur gut, dass ich auch Skimütze und Handschuhe eingepackt hatte. Wer weiß, vielleicht würde ich sie noch brauchen. Im Bad rang ich kurz mit mir, aber unter den gegebenen Umständen hielt ich selbst Katzenwäsche für unzumutbar. Ich verschob die Dusche auf abends vor dem Sonnenuntergang, wenn das Bad vom Tag hoffentlich aufgewärmt war.

Also nur kurz Wasser ins Gesicht gespritzt und dann die Zähne geputzt. Währenddessen ließ ich den Blick schweifen. Auch hier überall nackte Wände. Drei Dusch- und drei Toilettenkabinen. Drei Waschbecken. Holzblöcke, um den Kulturbeutel darauf abzustellen, und abgesägte Äste als Kleiderhaken. Einfach, aber es hatte Charme. Ich spuckte die Zahnpasta aus. Nur der fehlende Spiegel war unverzeihlich.

Ich zog den lebensnotwendigen Kajalstrich blind, nach Gefühl, und war noch nie so schnell fertig. Der Morgenkaffee ließ sich nicht länger aufschieben. Die Lapa – Versammlungsraum und Küche in einem – lag gleich drüben am anderen Ende des alten Blocks. Dieser »Raum« entpuppte sich als luftige, nach drei Seiten hin offene Konstruktion aus einem strohgedeckten Dach und tragenden Holzpfeilern. Einen Windschutz gab es nicht; ich glaubte gern, dass das im Sommer eine gute Idee war, doch an einem Wintermorgen wie diesem zog es wie Hechtsuppe. Mehrere lange Holztische und zahlreiche Stühle sowie eine Regalwand mit Geschirr, Besteck und Frühstückszutaten stellten das Mobiliar dar; eine Küchenzeile fehlte, es gab noch nicht einmal eine Spüle mit einem Wasserhahn. Um Kaffee zu machen, musste man den Wasserkocher im Gemeinschaftsbad auffüllen. Das Mittag- und Abendessen wurde in Plastikbehältern von der Gästelodge geliefert, die etwa fünfzehn Minuten entfernt lag und ebenfalls zur Farm gehörte. Wer auf einer warmen Mahlzeit bestand, wärmte seine Ration in der Mikrowelle wieder auf. Und stellte sich erst einmal hinten an.

Ich war nicht die Erste. Drei oder vier Volontäre saßen bereits stumm vor ihrem Frühstück. Ich erinnerte mich an keinen einzigen Namen mehr und grüßte unbestimmt in die Runde. Da war es wieder, dieses Gefühl, nicht dazuzugehören. Sie kannten sich alle und waren ein eingespieltes Team. Und ich? Ich war die Neue, die nicht mal fließend Englisch sprach und zwei linke Hände hatte … Bevor ich meine Selbstgeißelung fortsetzen konnte, rief ich mich zur Ordnung. Hatte ich nicht vor dem Einschlafen gestern Abend eine Abmachung mit mir getroffen? Durchhalten bis zu den Geparden. Ja. Durchhalten bis zu den Geparden.

Allmählich tauchten einer nach dem anderen auch die übrigen Volontäre auf – insgesamt mehr als zwanzig. Es wurde laut. Ich setzte mich mit meiner Tasse Pulverkaffee auf einen freien Platz und gab mir Mühe, mich wohlzufühlen. Doch mit jedem Schluck meldete sich mein Zahn lauter zu Wort. Ich tippte auf eine Wurzelentzündung. Außerdem begann auch der Finger wieder zu klopfen; die spitzen Zähne des Erdmännchens hatten sich tief unter den Nagel gegraben. Natürlich passierte so etwas immer nur mir … Gerade rechtzeitig, bevor ich mich wieder bemitleiden konnte, erschienen Jessie und Louise, meine beiden Zimmergenossinnen, und wünschten mir einen guten Morgen. Wir hatten am Abend zuvor nicht viel Gelegenheit gehabt, uns kennenzulernen. Nun erfuhr ich, dass sie ebenfalls neu auf der Farm waren. Auch sie hatten noch keine Einführung bekommen. Ich entspannte mich etwas.

Jessie war mit ihren siebenundvierzig Jahren noch älter als ich, Sozialarbeiterin und eine Frohnatur mit dem Herz auf dem rechten Fleck. Sie hatte drei Töchter und keinen Mann, und die Art, wie sie davon erzählte, machte sie noch sympathischer. Sie schien immer zu lachen. Nicht so Louise. Sie lebte in der Nähe von London, war achtundfünfzig und wurde nicht müde, von ihren Wechseljahresbeschwerden zu berichten. Ansonsten sprach sie viel von ihrem Kater, den die Nachbarin während ihrer Abwesenheit hütete. Mich beschlich der Verdacht, dass es keine weitere Bezugsperson in ihrem Leben gab.

Bevor wir ihren Kater noch besser kennenlernen konnten, wurde es acht Uhr. Jo kam zum täglichen Morgenmeeting, und alle Gespräche erstarben. Sie und die übrigen Koordinatoren bewohnten die Bungalows, die ich anfangs für unsere Unterkünfte gehalten hatte. Zunächst teilte Jo die Volontäre in Gruppen ein und wies ihnen verschiedene Arbeiten zu. Sie sprach wieder sehr schnell, und so verstand ich nur »Futter vorbereiten«, »Gehege kontrollieren« und »Buschgras schneiden«. Außerdem »Raubtierfütterung« und »Pavianbabys«. Mein Herz schlug schneller. Ich konnte es kaum noch erwarten. Wenn es nur endlich losging, dachte ich, würde sich schon alles finden. Allerdings durften Jessie, Louise und ich nicht gleich mit anpacken. Aus Sicherheitsgründen ging die Einführung vor.

Nach wenigen Minuten war das Meeting vorbei, und alle machten sich an die Arbeit. Jo kam lächelnd auf uns drei zu. Ich mochte sie. »Guten Morgen. Alles klar bei euch?«

Wir nickten. Während wir mit ihr zum Büro hinübergingen, hielt ich meinen Zeigefinger hoch. »Das Erdmännchen hat mich gestern gebissen. Gibt es hier Tollwut?«

Jo lachte. »Wenn Twokkie Tollwut hätte, wäre es jetzt sowieso zu spät.« Als sie meinen Gesichtsausdruck sah, fügte sie rasch hinzu: »Mach dir keine Sorgen. Auf der Farm sind alle Tiere geimpft. Halte die Wunde sauber, dann heilt sie bestimmt bald. Aber am besten gewöhnst du dich gleich daran, dass man sich hier ständig irgendwelche Kratzer holt. Man blutet eigentlich immer irgendwo.«

Louise schien das gar nicht lustig zu finden. »Was heißt denn das?«, fragte sie alarmiert.

Jo zuckte die Achseln. »Das heißt, dass ihr überall auf

der Farm arbeiten werdet. Das Buschgras ist scharf, daran schneidet man sich leicht. Man bleibt am Hühnerdraht hängen. Zieht sich einen Holzsplitter ein. Oder einen Dorn. Es gibt fast so viele Dornen wie Sandkörner in Namibia.«

Das Büro lag im selben Gebäude wie die alten Volontärsunterkünfte, die Futterküche und die Wirtschaftsräume. Davor war ein Areal durch einen mannshohen Palisadenzaun abgetrennt. Gestern hatte ich schon einen Blick dahinter geworfen, auf ein kleines Rasenstück, das von einem Maschendrahtzaun zu den Quartieren hin begrenzt wurde. Dort tummelte sich bestimmt ein Dutzend Landschildkröten in allen Größen. Mittendrin stand ein geräumiger Käfig aus Hühnerdraht, der bereits an vielen Stellen geflickt war. Oben war er mit Draht und losen Plastikplatten abgedeckt, um Regen und Räuber fernzuhalten. Denn hier residierten die fünf verwaisten Pavianbabys.

Aber das hörte man ohnehin schon von weitem. Sie kreischten eigentlich immer, auch ohne besonderen Anlass. Ich hatte sie mir noch nicht aus der Nähe angesehen, da Paviane nicht gerade zu meinen Lieblingstieren zählten. Ich fand sie von jeher hässlich, dominant, unberechenbar und gefährlich. Und hatte nicht vor, mich eines Besseren belehren zu lassen. Mir genügten meine Vorurteile.

Auf dem kurzen Stück zum Büro kreuzten die Schafherde, die gerade auf die Weide getrieben wurde, der Truthahn und seine Hennen sowie die beiden nimmersatten Schweine der Farm unseren Weg. Außerdem ein paar Hunde, darunter Sabu, drei Jack Russells und Doggenmischling Tessa, die gestrenge Herrin des Rudels. Und von fern tönte das Gezeter der halbwüchsigen Paviane herüber, die in einem eigenen Gehege hinter der Lapa untergebracht waren und nicht weniger rauflustig als ihre kleinen Artgenossen zu sein schienen.

Ich sah den Hunden nach. Das war es doch, was ich gewollt hatte. Genau das: den ganzen Tag mit Tieren zusammen sein, draußen, unter diesem weiten afrikanischen Himmel, in einem anderen Leben. Schauen und lernen, hoffentlich auch über mich. Den Kopf frei bekommen, um Platz für neue Eindrücke zu schaffen. Der einzige Schönheitsfehler mochte sein, dass dies die Wirklichkeit war und keine Hollywoodkulisse. Die raue, hemdsärmelige Wirklichkeit, die bestimmt auch wehtun konnte, wie Jo gesagt hatte. Und die mit viel Mühe, Schweiß und Herzblut verbunden war. Das sah ich Jo und den Buschmännern an, die am Geräteschuppen mit Schweißarbeiten beschäftigt waren und zu uns herüberlachten. Aber auch den anderen Volontären, von denen einige schon zum zweiten Mal auf der Farm waren. Einige Koordinatoren hatten sogar ihre gut bezahlten Managerjobs aufgegeben, um an einer Sache mitzuwirken, die sie offenbar für sinnvoll hielten. Jeder, der hierherkam, tat es aus Überzeugung, und ich bewunderte sie alle dafür. Warum konnte ich nicht einfach wie sie sein und mich ohne Wenn und Aber auf dieses Abenteuer einlassen?

Jos Einführung geriet sehr ausführlich und dauerte über eine Dreiviertelstunde. Das war auch nötig, schließlich hatten wir vom Leben im afrikanischen Busch nicht den Hauch einer Ahnung. Wir wussten gar nichts. Nicht einmal, wie der Buschmannname der Farm ausgesprochen wurde.

»Es ist eigentlich ganz einfach«, erklärte Jo. »Der Anlaut ist ein schnalzendes N. Daran müsst ihr eigentlich nur noch *ankusé* anhängen.« Bei ihr klang es wirklich ganz leicht.

N/a'an ku sê war erst zwei Jahre zuvor von einem weißen Ehepaar burischer Abstammung gegründet worden, Marlice und Rudie van Vuuren. Nicht lange, und der alte Volontärsblock war zu klein geworden, um alle freiwilligen Helfer aufzunehmen. Denn die van Vuurens betreiben weder Landwirtschaft noch Viehzucht. Eines ihrer Projekte widmet sich den Buschmännern. Die San – so nennen sie sich selbst – sind in Namibia eine unterprivilegierte Volksgruppe, die oft in bitterer Armut, ohne medizinische Versorgung und schulische Ausbildung am Rande des Existenzminimums oder darunter lebt. Auf der Farm finden sie Arbeit, mit der sie ihre Familien ernähren können, und in dem kleinen Dorf ein wenig abseits der Farmgebäude ein Dach über dem Kopf. Die Kinder werden in einer eigenen Schule unterrichtet, und einige hundert Kilometer weiter östlich, in Epukiro, haben die van Vuurens für die San ein eigenes Krankenhaus errichtet.

Das zweite große Projekt der Farm gilt dem Tierschutz. Hier werden kranke, verletzte und verwaiste

Wildtiere gesund gepflegt und nach Möglichkeit wieder in die Freiheit entlassen. Erst zwei Monate vor meiner Ankunft hatte man damit begonnen, Geparden und Leoparden auf den umliegenden Farmen einzufangen, um sie in Naturschutzgebieten wieder auszuwildern, in denen sie kein Nutzvieh reißen können und Gefahr laufen, abgeschossen zu werden.

Auf der Farm haben aber auch Raubtiere Unterschlupf gefunden, die nicht mehr in die Freiheit entlassen werden, weil sie bereits zu sehr an den Menschen gewöhnt oder in der Wildnis nicht überlebensfähig sind. Dazu gehören mittlerweile drei zahme Geparden, fünf Wüstenluchse, zwei Leoparden, fünf Löwen sowie zwei Afrikanische Wildhunde. Und natürlich die Paviane: achtzehn »Halbstarke«, die ich bereits gehört, und die fünf Babys, die ich von fern gesehen hatte.

Ich folgte Jos Ausführungen mit großen Augen. Abgesehen davon, dass ich nicht wusste, was ich mir unter Wüstenluchsen vorzustellen hatte, klang das wie die Erfüllung meiner Kleinmädchenträume. Ich würde all diese Tiere, die ich bisher nur aus dem Fernsehen oder Zoo kannte, aus der Nähe sehen …

»Ihr werdet das Futter für die Tiere vorbereiten«, platzte Jo in meine Gedanken. »Nicht nur für die Schildkröten, sondern auch für die Wildhunde und Raubkatzen. Wir verfüttern meistens tote Pferde und Rinder. Selten auch einmal Wild – wir schießen nur, wenn es gar nicht anders geht. Das heißt für euch: Ihr müsst Fleisch klein hacken. Köpfe zersägen. Und Hufe vergraben, damit die Hunde sie nicht quer über die Farm schleppen. Hin und wieder wird es also ziemlich blutig. Hat jemand ein Problem damit?«

Wir sahen uns zögernd an. Ich für meinen Teil wusste zunächst keine Antwort darauf. Plötzlich fiel mir etwas ein. »Mein Vater ist Jäger. Ich habe ihm schon mal geholfen, ein Hirschkalb auszuweiden«, sagte ich. »Dabei ist mir jedenfalls nicht schlecht geworden. Auch wenn es schon eine ganze Weile her ist.« Es hatte mir nur das Herz gebrochen, das schöne Tier, das eben noch quicklebendig durch die Alpenrosen getollt war, nun tot zu meinen Füßen zu sehen. Aber das behielt ich lieber für mich.

Jo lächelte. »Dann schaffst du das hier bestimmt auch.«

Jetzt meldete sich Louise zu Wort. »Wir können doch keine Pferdeköpfe zersägen!«

»Warum denn nicht?«, fragte Jo freundlich.

»Weil ...« Louise überlegte, wie sie ihre Empörung in Worte fassen sollte. »Weil Pferde doch auch eine Seele haben!«

»Keine Sorge«, entgegnete Jessie und lachte. »Die ist schon längst im Pferdehimmel, wenn sie den Löwen zum Fraß vorgeworfen werden.«

Abgesehen von der Futtervorbereitung sollten wir überall dort mit anpacken, wo Not am Mann war – ob das nun im Paviangehege war, das wir zu säubern hatten, oder an der neuen Schafhürde, wo Pfostenlöcher gegraben werden mussten. »Am besten, ihr zieht alte Klamotten an«, riet uns Jo. »Hier bleibt man ständig irgendwo hängen. Und schmutzig wird man sowieso. Feste Schuhe braucht ihr natürlich auch. Wir haben Schlangen auf der Farm.«

»Was für Schlangen?«, fragte ich vorsichtig. »Auch giftige?«

»Ja, natürlich«, sagte Jo, als verstehe sich das von selbst. »Puffottern, schwarze Mambas und Kapkobras zum Beispiel. Manchmal kommen sie sogar bis an die Unterkünfte, zum Beispiel, um sich ein warmes Winterquartier zu suchen. Seid vorsichtig, schließt immer die Zimmertür und passt auf, wo ihr hintretet. Die meisten Schlangen flüchten, wenn man sich ihnen nähert. Nur Puffottern nicht.«

Betretenes Schweigen war die Antwort auf diese Hiobsbotschaft. Insgeheim schworen wir uns vermutlich alle drei das Gleiche: in Zukunft immer erst die anderen vorgehen zu lassen.

»Und dann gibt's auch noch Skorpione und Spinnen«, fuhr Jo ungerührt fort.

»Spinnen«, wiederholte ich tonlos.

Sie lachte. »Ja. Neulich hat Flo sogar eine Schwarze Witwe entdeckt. Taranteln hatten wir auch schon. Der Busch ist eben kein Abenteuerspielplatz.«

Nach der Einführung war es so weit. Jetzt konnte ich zeigen, ob ich afrikatauglich war.

Von klein auf hatte ich immer geglaubt, man sei erst dann erwachsen, wenn man allein in der Wildnis überleben konnte. Wenn man wusste, wie man die Himmelsrichtungen bestimmte, wie man Feuer machte, den richtigen Weg fand und nicht verhungerte. Wahrscheinlich hatte ich zu oft im Wald hinter unserem Haus gespielt. Hatte zu viele Abenteuergeschichten gelesen, von Sven Hedin, Karl May und wie sie alle hießen. Jungmädchengeschichten haben mich dagegen nie interessiert. Sie unterschieden sich ja kaum von meinem eigenen Leben mit seinen kleinen und großen Kümmernissen, aus dem ich mich wegträumte, hinaus in die Wüsten und Dschungel. Im Stillen hoffte ich immer, dass eines Tages eine »wilde Frau« aus mir werden würde. Eine, die die Gesetze des Waldes kannte. Die einen waghalsigeren Weg einschlug als andere. Weil ich doch selbst so ein graues Mäuschen war.

Daran erinnerte ich mich nun wieder. Während Jo Louise in die Futterküche schickte, um Gemüse für Schildkröten, Schweine und Paviane klein zu schneiden, kommandierte sie Jessie und mich zu der Gruppe ab, die gerade an der Pferdekoppel einen Graben für die Wasserleitung zur Schafhürde aushob. Beim Anblick der Spitzhacken fiel mir Jos Bemerkung ein, dass man hier »eigentlich immer irgendwo« blutete. Ich glaubte ihr aufs Wort.

Man macht sich keine Vorstellung von der Beschaffenheit der namibischen Erde zur Trockenzeit. Sie ist rot und staubig und wie versteinert. Als ich die Spitzhacke zum ersten Mal schwang, tat sich so gut wie nichts. Mein Hieb hinterließ einen lächerlichen Kratzer im Boden.

Nur meine entzündete Zahnwurzel reagierte umgehend auf die Wucht des Schlags. Der Schmerz platzte wie eine reife Samenkapsel auf und sägte sich in meinen Unterkiefer.

Ich hielt mir die Wange und blickte mich um. Die anderen vier Frauen hatten kaum mehr Erfolg als ich; da uns insgesamt nur drei Spitzhacken zur Verfügung standen, mussten sich immer zwei von uns mit Spaten behelfen. Ich fragte mich, welche Kräfte wohl am Werk gewesen waren, um die Erdkrume so aufreißen zu lassen, wie ich es tags zuvor bei der Herfahrt gesehen hatte.

Aber es half nichts – die Schafe brauchten Wasser. Und so wühlten wir uns verbissen zwei Stunden lang in den Erdboden. Wer eine Spitzhacke hatte, grub vor. Mit Spaten und Händen wurde anschließend die Rinne vergrößert und der Aushub beiseitegeschafft. Wir sprachen nur das Allernötigste, während unsere Gesichter rot und röter wurden. Jeder Hieb hallte in meinem Kiefer nach. Zwischendurch tauschten wir Hacken und Spaten und tranken Wasser aus unseren Flaschen.

Es war mittlerweile an die fünfundzwanzig Grad warm, die Sonne stand hoch am Himmel. Längst hatte ich die Fleecejacke ausgezogen und ins Buschgras geworfen, und bald klebte mir auch das T-Shirt am Leib. Der Schweiß auf meiner Stirn ging eine unselige Verbindung mit der Sonnencreme ein und bahnte sich unaufhaltsam seinen Weg hinab in meine Augen. Dort, wo der Griff von Hacke und Spaten gegen meine Handflächen drückte, zeichneten sich Schwielen ab. Ich biss die Zähne zusammen und machte weiter. Und spürte, wie mich allmählich die Wut packte. Ich gab sie zuück an diesen knochentrockenen, steinharten Boden. Grimmig. Schlag um Schlag, als gälte es das Leben. Aber er gab nicht nach. Er war stärker als ich.

Endlich hatte ich genug. Ich rammte den Spaten in den Boden und richtete mich wie ein altes Mütterlein daran auf. Wenn mein Rücken zu einer Lautäußerung fähig gewesen wäre, hätte er geächzt. Ich hatte das Gefühl, als würde mir gleich der Kopf platzen. Als würde ich gleich platzen. Explodieren. Ich brauchte das hier nicht. Ich wusste, dass ich hart arbeiten konnte, das tat ich das ganze Jahr über und musste es niemandem mehr beweisen. Ich wollte keine Bewässerungsgräben ausheben. Deshalb war ich nicht hergekommen. Ich wollte etwas über Tiere lernen, mit ihnen umgehen, und wenn das Anstrengung bedeutete, dann war ich gern bereit dazu. Nur nicht zu dieser Schinderei hier. Wenn das allen Ernstes so weiterging … Ich dachte den Satz nicht zu Ende. Noch nicht. Doch ich wusste, dass er beim nächsten Mal mit Wörtern wie »abbrechen« und »heimfahren« aufhören konnte.

Während ich noch mit mir haderte, sah ich April auf uns zukommen. Bei meiner Ankunft gestern war ich ihr geradewegs in die Arme gelaufen. Und diese Arme fand ich einer besonderen Erwähnung wert. Sie waren über und über mit dünnen Narben bedeckt, die sich weiß von Aprils sonnengebräunter Haut abhoben: eine neben der anderen, Dutzende, meist waagrecht, von einem Messer gezogen. Offenbar hatte sich April früher geritzt. Vielleicht tat sie es immer noch. Sie hatte sich sogar ein Wort ins Fleisch geschnitten: »wertlos«.

Zu den Narben, der Verzweiflung und der zerstörerischen Kraft, die dahinter lauerten, passte Aprils Aufzug, in dem ich sie das erste Mal sah: Sie war von Kopf bis Fuß blutverschmiert; selbst in ihrem weizenblonden Pferdeschwanz klebten ein paar dunkle Spritzer. Sie hatte gerade das Fleisch für die Raubtiere vorbereitet, und augenscheinlich war es ein wahres Schlachtfest gewesen. Umso gespenstischer wirkte der glückliche Ausdruck in ihrem Gesicht.

An diesem Tag steckte April in sauberen Sachen, doch ihre gute Laune hatte sie sich bewahrt. Ich fragte mich, welche Geschichte sich hinter den Narben auf ihren Armen verbarg. Man munkelte von einigen Selbstmordversuchen; welche Umstände dazu geführt hatten, munkelte man allerdings nicht. Hier auf der Farm fragte man nicht nach der Vergangenheit der Volontäre, rührte nicht daran. Wer arbeiten wollte, wurde herzlich aufgenommen; der Rest ging niemanden etwas an. Und April wollte arbeiten. Sie schien regelrecht darin aufzugehen. Kein Volontär war tüchtiger, fleißiger, fröhlicher. Ich bewunderte sie, ohne sie zu kennen. Offenbar hatte sie schon einiges hinter sich, und doch bemühte sie sich, ihr Leben wieder in den Griff zu bekommen. Sie kämpfte.

»Die Fläschchen für die Paviane sind fertig«, sagte sie in ihrem breiten britischen Akzent. »Kommt ihr und helft uns?«

Pause. Erlösung. Wir legten Spaten und Spitzhacken weg und folgten April zum Gehege. Dort warteten schon die anderen Volontäre und eine Batterie Babyfläschchen mit warmer Säuglingsmilch auf uns. Und natürlich die halbwüchsigen Paviane, die aufgeregt am Drahtzaun standen und uns keckernd begrüßten.

Irgendjemand drückte mir zwei Fläschchen in die Hand. Wir nahmen entlang des Gehegezauns Aufstellung, und dann ging es auf Kommando los: Jeder Sauger wurde durch die Maschen im Zaun in ein Affenmaul geschoben. Während die Paviane an ihren Fläschchen nuckelten, hatte ich zum ersten Mal Gelegenheit, sie mir näher anzusehen. Sie waren gar nicht so hässlich, wie ich gedacht hatte. Die meisten von ihnen hatten schon Schlimmes erlebt; auch Paviane konnten offenbar eine schwere Kindheit haben. Ihre Mütter waren erschossen worden, in Wildererfallen geraten oder auf andere Weise durch Menschenhand umgekommen. Nicht selten hatte man sie nur wegen der Jungtiere getötet. Denn Pavianbabys waren unter der Hand als Haustiere sehr gefragt. Zum Glück gab es immer wieder wohlmeinende Menschen, die solche Fälle anzeigten oder die Waisen gleich selbst auf die Farm brachten. Hier hatten die Tiere ein großes Gehege, in dem sie sich austoben konnten, Futter und Artgenossen um sich. Allerdings waren sie allesamt Rabauken, die niemals von ihren Müttern und anderen älteren Rudelmitgliedern Manieren lernen würden.

Die beiden Paviane, denen ich die Flasche gab, hatten einen ordentlichen Zug. Sie standen da, die Finger in die

Zaunmaschen gekrallt, und ruckten gierig an den Saugern, als könnten sie nicht genug bekommen. Dabei hielten sie unentwegt Blickkontakt zu mir, wie es auch Menschenbabys beim Trinken tun. Ganz gegen meinen Willen wurde mir warm ums Herz. Mit so viel Menschenähnlichkeit hatte ich nicht gerechnet; ich hatte mir nicht klargemacht, dass Paviane Primaten sind, also derselben biologischen Ordnung angehören wie wir. Ihre kleinen Finger mit den festen Nägeln sahen bis auf die Tatsache, dass sie pechschwarz und behaart waren, wie die von Menschen aus. An den Fingerbeeren entdeckte ich feine Papillarleisten wie bei uns, und ich fragte mich, ob auch diese Affen einen unverwechselbaren Fingerabdruck hatten. Ganz besonders beeindruckten mich aber ihre strahlend weißen Zähne; die großen Eckzähne, die es durchaus mit denen eines Leoparden aufnehmen können, würden den Männchen erst in einigen Jahren wachsen.

Es konnte nicht so friedlich bleiben – meine erste Pavianlektion wartete auf mich. Nachdem alle Fläschchen leer getrunken waren, fragte April, wer Candy bei der Verfütterung der Hauptmahlzeit helfen wolle. Möglicherweise ahnte sie, dass ich gerade meine Abneigung gegen die Affen zu überdenken begann. Sie sah mich an. »Barbara, wie ist es mit dir?«

Ich zögerte. Hatte nicht jemand beim Frühstück von einem Pavianbiss erzählt? Ich wusste nicht mehr, wer es war, erinnerte mich aber noch gut an den großen blauen Fleck mit den sichelförmigen Bissmarken. Misstrauisch beobachtete ich die wilde Jagd, die alle paar Minuten durch das Gehege tobte, wenn die Affenbande mal wieder einen Schwächeren mobbte … Andererseits hatte Jo keinen Zweifel daran gelassen, dass man es gern sah, wenn wir Volontäre uns mit den Pavianen beschäftigten. Und war ich nicht ohnehin hier, um meine Grenzen auszuloten? Plötzlich fielen mir Spitzhacke, Spaten und Schwielen wieder ein, die an der Pferdekoppel auf mich warteten. Ich nickte. »Okay.«

Und ich bekam meine Grenzerfahrung. Sobald Candy und ich mit der großen blauen Futtertonne unter dem stromführenden Draht hindurch ins Gehege geschlüpft waren, brach das Jüngste Gericht über uns herein. Die Paviane rasten auf uns zu, zeterten lautstark und rupften fordernd an unserer Kleidung. Schmuck, Haarbänder, Sonnenbrille und alle anderen beweglichen Besitztümer hatten wir vorsorglich draußen gelassen. Zuvor hatte April uns eingeschärft, uns langsam zu bewegen, die Tonne nicht aus der Hand zu geben und das Futter in einem großen Kreis auszulegen, sodass die Affen abgelenkt und möglichst weit von uns entfernt waren.

Natürlich würden sie uns trotzdem nicht in Ruhe lassen, so viel wusste ich schon. Das war eben ihre Art, Neugier zu zeigen, redete ich mir ein. Da landete schon der erste Pavian mit einem Satz auf meiner Schulter. Ich war erschrocken von der Wucht des Aufpralls, ließ mir jedoch nichts anmerken. Ich ignorierte ihn dort oben, während ich mit Candy und der Futtertonne in unserer Mitte langsam weiterging. Das Tier roch nicht besonders gut, und ich wagte gar nicht daran zu denken, welche Organismen nun den Weg von ihm zu mir finden würden. »Was auch passiert: Wehrt euch nicht! Lasst ihnen ihren Willen! Sonst habt ihr sie alle am Hals.« Aprils Worte klangen wie ein Menetekel in meinen Ohren. Aber es half nichts. Nun mussten wir da durch.

Wir hatten den Futterplatz erreicht und stellten die Tonne ab. Schön festhalten und nur nicht loslassen, sagte ich mir immer wieder. Während ich in die gesammelten Speisereste unserer letzten Mahlzeit langte, verbot ich mir den Luxus, mich zu ekeln. Was ich sonst nicht für Geld und gute Worte getan hätte, betrachtete ich nun als reine Überlebensmaßnahme. Ich warf eine Handvoll Essenspampe auf die Erde. Prompt verlor der Affe auf meinem Kopf die Freude daran, mich an den Haaren zu ziehen, und sprang zu Boden. Zwei andere waren auch schon zur Stelle und stürzten sich sofort in ein Handgemenge um das Futter. Es tröstete ein wenig, dass es Candy nicht viel besser erging. Das ganze Gehege war in Aufruhr. Und wir mittendrin.

Während wir standhaft weiter die Tonne ausschöpften, sammelten sich immer mehr Affen im Kreis um uns. Nach einer Weile hatte ich das Gefühl, dass das ganze Rudel bereits einmal auf meinem Kopf Platz genommen hatte. Von dort aus hatte man nun mal den besten Überblick und sah, wohin wir die nächste Portion warfen. Schon leerte sich die Tonne, und ich glaubte, wir hätten das Schlimmste hinter uns. Leider hatte ich die Rechnung ohne den Rudelführer gemacht.

Einen winzigen Augenblick nur nahm ich die Hand von der Tonne, und schon war Nemo da. Er, der Größte und Älteste von allen, zog sie mit einer herrischen Geste zu sich heran, fasste hinein und holte sich seine Ration. Reflexartig, ohne nachzudenken, griff ich ebenfalls nach der Tonne, um sie zurückzuerobern. Es trug mir Nemos gerechten Zorn ein.

Er hörte auf zu fressen und heftete seinen Blick fast nachdenklich auf mich. Eine Sekunde. Zwei Sekunden. Als ich die Tonne noch immer nicht freigab, war ich fällig. Er streckte die freie Hand nach meinem Arm aus. Umklammerte ihn mit seinen schwarzen Fingern. Und biss ohne Umschweife herzhaft hinein. Dabei ließ er mich nicht aus den Augen, was bei einem Höhenunterschied von mindestens einem Meter dreißig bedeutete, dass er den Kopf in den Nacken legen musste. Dennoch blieb kein Zweifel an den Machtverhältnissen. So war es auch nicht der Schmerz, der mich dazu bewog zu gehorchen; ich spürte ihn zunächst gar nicht. Es war vielmehr Nemos ruhiger Blick, in dem zu lesen stand: »Pass gut auf. Dies ist eine Warnung. Ich beiße nicht fest zu. Aber ich kann, wenn ich will. Dann wird es allerdings wehtun. Es ist deine Entscheidung.«

Ich verstand jedes einzelne Wort seiner Botschaft und gab die Tonne frei. Sofort ließ Nemo von mir ab und widmete sich wieder der Futteraufnahme. Er hatte erreicht, was er wollte. Ich rieb mir den Arm und hütete mich, ihm nochmals in die Quere zu kommen. Während ich die letzte Handvoll Futter auf den Boden warf, wartete ich auf die Wut. Doch sie wollte nicht kommen. Ich konnte mir nicht helfen: Dieser Affe nötigte mir Respekt ab. In seinem kleinen Gehirn musste irgendeine Form von Denkleistung stattgefunden haben. Auch wenn ich den Kopf darum herum noch immer furchtbar hässlich fand.

Unter der Dusche, kurz vor Sonnenuntergang. Inventur

Mal sehen, welche Blessuren ich schon jetzt, nach zwei Tagen, habe … Ein Erdmännchenbiss, kaum verschorft … Pavianzahnabdrücke, grün und blau … Eine Wurzelentzündung, ziemlich akut und pulsierend … Schwielen an den Händen, insgesamt sechs … Diverse eingetriebene Dornen … Schürfwunden en masse … Eine Zecke und bestimmt ein paar Dutzend Parasiten … Und nicht zu vergessen das Nasenbluten, weil die Luft in dieser Höhe so dünn und trocken ist.

Es hätte schlimmer kommen können. Zum Glück hatte ich bei der Pavianfütterung mein Langarmhemd an. Und Nemo war gnädig. Ich weiß kaum noch, wie wir aus dem Gehege gekommen sind. Nur an den Stromschlag zum Schluss erinnere ich mich noch gut. Ich habe mich unter der Tür wohl nicht tief genug gebückt …

Nie wieder Paviane. Diese Irrwische tanzen mir nicht noch einmal auf der Nase herum. Mag sein, dass es mein Fehler ist. Dass ich zu unsicher bin … Aber wie verhält man sich richtig, wenn einem ein Affe und der Schrecken im Nacken sitzen? April kann das. Das Geheimnis ist wohl: Sie hat keine Angst … Wahrscheinlich sind wir nicht füreinander geschaffen, die kleinen Teufel und ich. Ich bin eine Hundefrau … Gepardenfrau … Hoffentlich. Das muss sich erst noch erweisen …

Wie lange habe ich nicht an die wilde Frau gedacht. Erst in Afrika fällt sie mir wieder ein. Doch ich traue sie mir nicht mehr zu. Sie ist eine Nummer zu groß für mich. Sie wehrt sich, wenn es sein muss, mit Zähnen und Klauen, sie beißt und kratzt und schwimmt gegen den Strom … Ich bin nicht wie sie. Ich lasse mich vom Strom treiben. Ich kenne die Gesetze des Urwaldes nicht. Ich werde gebissen. Ich wähle niemals den anderen Weg … Nur die Sprache der Tiere will ich noch immer verstehen. Aber wahrscheinlich ist es dazu schon zu spät. In meinem Alter lernen sich Fremdsprachen nicht mehr so leicht …

Ich bin müde. Der Zahn hämmert. Ich kann kaum etwas essen. Nachts ist es kalt, und in meinem Koffer herrscht heilloses Chaos. Auch das ewige Englisch strengt an und frustriert. Die Arbeit macht keinen Spaß, und ich frage mich, was ich hier eigentlich suche. Die wilde Frau kann mir gestohlen bleiben. Ich brauche mir nichts zu beweisen. Oder gar ihr …

Die Dusche wird auch nicht richtig heiß. Ich hasse Frieren! Wenn diese Nacht wieder so eisig wird wie die letzte … Selbst schuld, meine Liebe. Warum fliegst du auch mitten im deutschen Sommer hierher in den Winter. Aber hallo – was krabbelt denn da in der Dusche? Grasgrüne Fühler. Ein langes Etwas … Das muss eine Gottesanbeterin sein. Wenn sie denn unbedingt nass werden will. Immerhin, solch ein Insekt schreckt mich schon nicht mehr so sehr. Ein Biss mehr oder weniger fällt nicht ins Gewicht …

Nebenan in der Kabine singt jemand. We are the champions. Na, wenn er meint … Klingt nach beneidenswert guter Laune. Schon auffällig, wie glücklich die meisten hier sind. Kein Wunder, viele von ihnen studieren ja noch. Da freut man sich, wenn man mal nicht mit dem Kopf arbeiten muss. Ich verstehe das gut. Vielleicht sollte ich offener sein. Sie sind doch alle sehr nett zu mir. Das Problem mit dem Altersunterschied habe vermutlich nur ich. Und mit dem Verstehen klappt es ja auch schon besser. Warum mache ich mir nur so viel Druck? Warum muss mir alles perfekt gelingen? Und ist es wirklich so schlimm, wenn ich mal versage? Das hier ist schließlich kein Wettbewerb. Es geht nicht um Noten. Geld. Oder Rekorde. Hier zählen Teamwork, Bewässerungsgräben, die fertig werden, und satte, gesunde Tiere. Es sind so viele Dinge zu tun. Die Farm muss doch laufen. Denn das hier ist Leben. Kein Wolkenkuckucksheim oder Elfenbeinturm …

Ich weiß schon: Ich bin das Problem. Es ist gar nicht die Farm. Es sind nicht der Winter, die Paviane, Spitzhacken und Zahnschmerzen. Ich bin es. Ich klammere. Kann nicht loslassen. Zulassen, was geschehen will. Ich muss kontrollieren. Immer wissen, wie der Hase läuft … Dabei bin ich doch hier, um mein Leben zu ändern. Um den Aufstand zu proben und zu sehen, was das mit mir macht. Ich kann es nur nicht. Ganz einfach. Rebellion war noch nie meine Stärke.

Also gut. Dann gib auf! Pack den Koffer! Brich ab und fahr heim! Und dann schau in den Spiegel, falls du noch kannst. Sei bloß froh, dass hier im Bad keiner hängt. Denn was du siehst, würde dir bestimmt nicht gefallen. Wie war das? Wolltest du dein Schneckenhaus nicht endlich hinter dir lassen? Dich nicht mehr verkriechen, nicht mehr an dir zweifeln? Und jetzt heulst du, weil du dein Abenteuer hast! War das schon alles? Kannst du nicht mehr? Bist du denn überhaupt nicht neugierig auf dich? Und was, wenn tatsächlich diese wilde Frau in dir steckt?

Schon gut, schon gut … Ich habe ja nicht gesagt, dass ich abreisen will. Ich habe gar nichts gesagt. Nur, was mir wo wehtut. Was mich erschreckt. Was Fragen aufwirft. Man wird unter der Dusche ja wohl noch ein bisschen jammern dürfen. Allein vor sich hin.

Ein Vorschlag zur Güte: Ich klebe ein frisches Pflaster auf meinen Finger. Beruhige den Zahn mit einer Tablette. Ziehe mich an und gehe zum Essen. Trinke Rotwein, den aus dem Karton, der gekühlt so gut schmeckt, und übe mich darin, einfach nichts zu erwarten. Nicht von den anderen und auch nicht von mir. Offen wie ein Scheunentor werde ich sein für alles, was ab jetzt kommen mag ... Und wenn das hier endlich, irgendwann, Spaß machen wird, bin ich die Letzte, die sich dagegen sträubt. Ich habe doch auch keine Lust, das Handtuch zu werfen. Mich klein zu machen. Vor mir selbst durchzufallen ... Schon gar nicht heute, nach diesem Tag. Diesen Triumph gönne ich Nemo von Herzen nicht.

Und jetzt habe ich Hunger. Mach's gut, Gottesanbeterin. Pass auf dich auf. Am besten, du bleibst diesen Affen fern. Glaub mir, sie beißen in alles, was sich bewegt. Und wir wollen uns morgen doch wiedersehen ...

Begegnungen

Dies war der Tag.

Ich hatte nur Augen für das gelbe Buschgras zu meinen Füßen. Es war hart und verdorrt, doch ich spürte es kaum; die lange Hose und meine Trekkingstiefel schützten nicht nur vor Dornen und Zecken. Sorgen machten mir allerdings die Schlangen. Schlangen, die übrigens nirgends zu sehen waren.

Links von uns verlief der Zaun. Dahinter, im dichten Buschwerk, vermutete ich die Löwen. Sie hatten uns sicher längst bemerkt. Ich hob den Kopf und blickte zum Himmel. Obwohl es erst neun Uhr morgens war, ging es schon nicht mehr ohne Sonnenbrille. Geblendet kniff ich die Augen zusammen und rückte mein Piratenkopftuch zurecht. Endlich hatte ich Gelegenheit, es auszuführen. Es machte mich ein bisschen verwegen, fand ich. Wenigstens äußerlich wilde Frau. Hinten in meinem Rucksack schlug der metallene Karabiner, der an der Wasserflasche befestigt war, im Takt meiner Schritte gegen den Fotoapparat.

Ich hatte noch Jos Mahnung von gestern im Ohr: »Passt auf, wo ihr hintretet!« Also passte ich auf und plante sorgfältig jeden Schritt. War dieser Stein vertrauenswürdig, oder lauerte darunter ein Skorpion? Raschelte durch das Gras neben dem Trampelpfad nur die sanfte

Brise oder vielleicht doch ein geschuppter Leib? Und wie hoch war eigentlich die Kobradichte in Zentralnamibia? Jessie und Donald, ein munterer, mittelalter Brite mit stahlblauen Augen und eisgrauem Bart, hielten sich immer schön hinter mir. So konnten sie einigermaßen sicher sein, dass nicht sie gebissen wurden, sondern ich.

Entsprechend kam ich nur im Schneckentempo voran; der Buschmann, der uns führte, gewann immer mehr Vorsprung. Schließlich wurde mir klar, dass sich nicht hinter jedem Grasbüschel eine Schlange verbarg. Und hatte ich mir nicht außerdem am Vorabend unter der Dusche geschworen, in Zukunft besser loszulassen? Also bitte. Ich entspannte mich ein wenig, ließ aber den Pfad zu meinen Füßen nicht aus den Augen. Und sofort wurde ich schneller. Allmählich schloss ich wieder zu Solomon auf.

Sein Alter war wie das der meisten San schwer zu schätzen. Ich lernte im Laufe der Zeit, dass sie oft jünger sind, als sie aussehen. Das hängt wohl mit ihrer hageren Statur und dem geringen Körperfettanteil zusammen, aber auch damit, dass sie sich ständig im Freien aufhalten und den Elementen ausgesetzt sind. Daher habe ich mir angewöhnt, sie mindestens zehn Jahre jünger zu schätzen, als es den Anschein hat. Sie mögen es mir verzeihen.

Solomon mochte also Mitte zwanzig sein. Er trug eine sandfarbene Hose sowie ein T-Shirt und eine Baseballkappe in derselben Farbe. Auf seiner Nase saß eine randlose Brille, und in der Hand hielt er das Messgerät, mit dem wir die Stromspannung der Elektrozäune rund um die Gehege prüfen sollten. Ich erinnerte mich noch gut an den Stromschlag gestern im Paviangehege. Sehr wirkungsvoll, selbst bei einem Lebewesen meiner Größe. Solomon lachte, als ich ihm davon erzählte. Auf den Leitungen rund um das Paviangehege liege die höchste Stromspannung von allen, sagte er. Er brauchte mir nicht zu erklären, warum.

Uns stand alles in allem ein strammer Marsch von zwei Stunden bevor – in Solomons Buschmannschritt wohlgemerkt, der mit einem gemütlichen Spaziergang ungefähr so viel zu tun hatte wie ein Leopard mit einer Hauskatze. Mein Ehrgeiz war geweckt: Das konnte ich doch wohl auch. Und mit ein wenig Gottvertrauen darauf, dass ich schon auf keine Schlange treten würde, schlug ich eine schnellere Gangart an. Nur hatte ich jetzt keine Zeit mehr, auf den Busch um mich herum zu achten. Allein die stacheligen Kameldornbäume fielen mir auf. Ihre Dornen sind von imposanter Länge. Ich hatte gelesen, dass manche Vogelarten ihre Beute darauf spießen, um besser fressen zu können. Sie eignen sich aber auch ganz hervorragend dazu, Safarihemden zu zerreißen.

Solomon war unterdessen vor dem Löwengehege stehen geblieben und wickelte das Messgerät aus. Als wir aufrückten, hatte er schon die Pole der beiden Kabel an zwei Drähten festgeklemmt, die innen am Zaun entlangführten. Der Messwert leuchtete auf. Als Solomon nicht reagierte, sah ich ihn fragend an. Doch er hatte keinen Blick für das Display. Etwas anderes fesselte seine Aufmerksamkeit. Es lag drüben, im dichten Dornendickicht jenseits des Zauns.

»Die Löwen«, sagte er leise.

»Wo?«, fragte Jessie. »Ich sehe nichts.«

»Sie beobachten uns. Die ganze Zeit schon.«

Während sich die meisten San auf der Farm nur in der Buschmannsprache oder auf Afrikaans verständigen konnten, beherrschte Solomon Englisch gut genug, um Lodgegäste und Volontäre zu betreuen. Er wickelte die Kabel wieder um das Gerät und verstaute es in einem sandsicheren Säckchen, ohne das Dickicht aus den Augen zu lassen.

»Stellt euch seitlich zum Zaun, nicht frontal, wenn sie kommen«, ordnete er an. »Eines der Weibchen ist in der Hitze, deshalb versteht der Pascha noch weniger Spaß als sonst. Er wird angreifen, wenn er sich provoziert fühlt. Schaut ihn also bloß nicht direkt an. Und haltet mindestens zwei Meter Abstand zum Zaun.«

Da knackte und krachte es auch schon, und drei Löwen brachen aus dem Gestrüpp hervor. Sie waren gewaltig. Ich hatte nicht gewusst, dass Löwen diese enorme Größe erreichen können. Sie brüllten nicht, aber man spürte ihre Gereiztheit. Jeder Muskel unter dem fahlbraunen Fell war angespannt, und von einer Sekunde auf die andere schien die Luft zu brennen. Wie ein Kranz aus Feuer loderte die Mähne um den mächtigen Kopf des Paschas. Er schnaufte stoßartig; dabei drang ein verhaltenes Brummen tief aus seiner Kehle, und ich begann zu ahnen, zu welchen Lautäußerungen dieser Stimmapparat fähig war.

Ich sah, wie sich die Schnauze mit den Schnurrhaaren kräuselte. Der Löwe nahm unsere Witterung auf. Er taxierte uns: Feind oder nicht Feind? In fürchterlicher Ruhe stand er da. Ich wusste, dass er nur auf einen Anlass wartete, um sich auf den Zaun zwischen uns zu stürzen. Keiner von uns bewegte sich. Wir dachten lieber nicht darüber nach, dass uns nur ein bisschen Draht und Strom von ihm trennten. Dann ging der gelbe Blick des Paschas zu Solomon. Er erkannte ihn. Der Buschmann brachte stets Fleisch, wenn er mit den Touristen kam.

Ich fragte mich, ob es Angst war, was ich fühlte. Nein, keine Angst. Noch nicht, ergänzte ich. Eher eine Mischung aus Bewunderung und Ehrfurcht. So viel Kraft lag in den Bewegungen dieser Katzen. So viel ungezähmter Wille in ihren bernsteinfarbenen Augen. Ich war mir ganz sicher: Irgendwo dahinter dachte es. Was auch immer die Wissenschaft dazu sagen mochte. Aber es dachte. Wie Nemo und die Paviane waren auch diese Löwen keine seelenlosen biologischen Automaten. Nicht für mich.

Den Beweis trat der Kater noch im selben Moment an. Es war mein respektloser Blick, der ihn störte. Alles ging ganz schnell, es dauerte nicht einmal einen Herzschlag lang. Gedanke und Bewegung waren eins. Er zog die Lefzen zurück. Legte die Schnauze in zornige Falten. Entblößte das Gebiss. Die Augen verengten sich zu schmalen Schlitzen. Innerhalb eines Sekundenbruchteils war er nur noch Maul und Muskeln. Dann stürmte er nach vorn. Zwei, drei Schritte. Stoppte erst kurz vor dem stromführenden Draht. Weiß und spitz bohrten sich seine Reißzähne in die Luft. Er schüttelte die flammende Mähne, Staub wirbelte auf. Dann brüllte er seine Drohung an mich heraus. Der ganze Busch schien zu erzittern. Erschrocken machte ich einen Hopser rückwärts.

Solomon gluckste. »Ich hab's doch gesagt – ihr sollt sie nicht direkt anschauen!«

Mein Lachen geriet ein wenig kleinlaut. Ich stellte mich seitwärts, um den Löwen versöhnlich zu stimmen, und senkte gehorsam den Blick. Wer weiß, wozu mein König der Tiere sonst noch imstande war.

Solomon fand offenbar, dass ich meine Lektion gelernt hatte, und setzte sich wieder in Bewegung. Halbherzig folgte uns der Pascha noch ein paar Meter am Zaun entlang, bevor er das Interesse an uns verlor. Er musste seinen Harem beaufsichtigen, der die kleine Szene teilnahmslos beobachtet hatte. Wir konnten nicht besonders gefährlich sein, wenn uns schon der albernste Scheinangriff in die Flucht schlug.

Die beiden Leoparden im nächsten Gehege, zehn Minuten entfernt, sahen wir nur von weitem. Obwohl Keanu und Timbila Brüder waren, hütete jeder eifersüchtig sein eigenes Revier innerhalb des Areals. Männliche Leoparden verhalten sich territorial; die Pflege sozialer Beziehungen außerhalb der Paarungszeit ist in ihrem Erbgut nicht vorgesehen, und selbst ein Bruder wird wie ein Eindringling behandelt, sobald er die Reviergrenzen überschreitet. Die beiden trafen sich ausschließlich zu den Fütterungszeiten am Tor. Und auch dann nur höchst widerwillig.

Es waren ungewöhnlich große Burschen – Solomon bezeichnete sie als »fett« und strahlte dabei über beide

Backen. Er erzählte, dass sie in Gegenwart von Menschen oft noch jene hohen Katzenlaute von sich gäben, mit denen sie im Welpenalter ihre Flasche eingefordert hatten. Doch im Gegensatz zu den Geparden waren sie nicht zahm geblieben. Niemand hätte es ungestraft wagen dürfen, ihr Territorium zu betreten.

Als ich einige Tage später erneut mit Solomon um die Gehege patrouillierte, trafen wir auf Timbila, den kleineren der beiden Leoparden. Er lag unter einem Busch ganz in der Nähe des Zauns und sah mich an. Dann sagte er »Miau«. Mir fiel ein, was Solomon erzählt hatte, und ich miaute zurück. Darauf antwortete er wieder, und so ging es einige Male hin und her. Der Buschmann stand grinsend dabei. Ich weiß bis heute nicht, was wir uns mitgeteilt haben, aber es ist mir als angeregtes Gespräch in Erinnerung geblieben.

Da uns Solomon offenbar gern an seinem Wissen teilhaben ließ, nutzten wir die Marschpausen, um ihm alle möglichen Fragen zu stellen. Und während wir einer nach dem anderen die Stromspannung prüfen durften, gab er bereitwillig Auskunft. Er berichtete, dass die Afrikanischen Wildhunde, die im nächsten Gehege lebten, auf der Roten Liste der bedrohten Tierarten stehen. In Afrika, so schätzt man, gibt es vielleicht nicht einmal mehr fünftausend dieser wolfsgroßen Tiere. Nicht zuletzt ihre Ähnlichkeit mit den verhassten Hyänen, die den meisten Farmern noch immer ein Dorn im Auge sind, hat zu ihrer starken Dezimierung beigetragen, aber auch ihre Anfälligkeit für Krankheiten und Parasiten sowie ihr Jagdtrieb, der auch vor Nutzvieh nicht haltmacht. Dabei gehören diese Raubtiere, in deren Rudeln sich nur das Alphapaar fortpflanzen darf, zu den geschicktesten Jägern Afrikas. Sie hetzen ihre Beute über Strecken von bis zu fünf Kilometern. Dann stellen sie das erschöpfte Tier und zerreißen es bei lebendigem Leib. Afrikanische Wildhunde kennen keinen Tötungsbiss.

Innerlich schüttelte es mich, als ich das hörte. Ich erinnerte mich an einen Dokumentarfilm, den ich einmal gesehen hatte. Eine Szene daraus steht mir noch heute vor Augen. Wildhunde hatten ein Gnu so lange gejagt, bis es völlig entkräftet stehen blieb. Man sah ihm an, dass es am Ende war. Dass es aufgab. Sich in sein Schicksal fügte. Und das Rudel ließ sich nicht zweimal bitten. Von allen Seiten fielen sie das Gnu an, verbissen sich in die Schnauze, den Kopf und die Weichteile und begannen seinen Bauch zu zerfetzen. Zehn, zwölf Hunde hingen an dem Tier, aber es fiel nicht. Gierig rissen sie ganze Fleischbrocken aus diesem Körper, der noch atmete, in dem das Herz noch schlug. Nach wenigen Minuten war das Gnu zu einem Drittel aufgefressen und noch immer nicht umgefallen. Der Schock erhielt es am Leben. Es stand auf seinen eigenen Beinen und sah dabei zu, wie es immer weniger wurde. Wie es verschwand. Sich einfach in Luft auflöste … Ich hatte umschalten müssen. Und obwohl ich weiß, dass es sinnlos ist, menschliche Maßstäbe an die Natur anzulegen, hätte ich mir einen gnädigeren Tod für dieses Gnu gewünscht.

Da kamen die beiden Afrikanischen Wildhunde auch schon. Sie hatten uns längst gewittert und begrüßten uns mit einem hohen Winseln, wie ich es nur von Hundewelpen kenne. Ich war von der Schönheit dieser Tiere überrascht, auch wenn es eine Schönheit auf den zweiten Blick war. Sie hatten riesige Ohren, hohe, dünne Läufe und ein goldenes Fell mit schwarzen und weißen Sprenkeln. Auch sie Brüder, kamen die beiden ganz nah an den Zaun heran. Ihre Neugier war ihnen anzusehen, und Solomon erzählte, dass man sie sich mit langen Stöcken vom Leibe halten musste, wenn man das Gehege betrat. Als der eine der beiden gähnte, kam das kräftige Gebiss zum Vorschein. Es kann selbst die Knochen einer großen Antilope knacken.

Während Donald den Strom maß, blickte ich mich um. Seit undenklichen Zeiten mochte es hier schon so ausgesehen haben. Dies war Afrika. Busch. Wildnis. Kein Abenteuerspielplatz, wie Jo meinte. Kein Vergnügungstrip, auf dem man sich mal eben selbst verwirklichte. Hier herrschten Gesetze, die ich nicht kannte. Ich musste an das Gnu denken. Plötzlich fühlte ich mich winzig. Wie ein Sandkörnchen unter diesem unfassbar weiten Himmel. Wie groß musste diese Natur sein, die überall um uns her wirkte, sichtbar oder im Verborgenen. Besser, man leistete sich hier keine groben Fehler.

Doch sonderbarerweise tröstete mich dieses Gefühl, klein zu sein. Es rückte die Dinge zurecht, zurück an jenen Platz, der ihnen ursprünglich zugedacht gewesen war. Als würde eine uralte Ordnung wiederhergestellt.

Es erinnerte daran, wie einmal alles gemeint gewesen war, von allem Anfang an. Ich empfand es als unglaublich heilsam. Hier machte sich kein Mensch die Erde untertan. Es war umgekehrt, und es tat wohl zu wissen, dass es noch Orte wie diesen auf der Welt gab. Ich hörte den Wind fremde Worte im Buschgras flüstern, sah die Berge am Horizont ins Blau stoßen, ungerührt und abweisend wie schon seit Jahrmillionen, und fand es irgendwie richtig und gut.

Mir kam ein Gedanke. Vielleicht musste auch ich erst ganz klein werden, mich auflösen, verschwinden – so ähnlich wie das Gnu –, um mich wieder finden, mich neu erfinden zu können. Das Blatt Papier musste leer sein, wenn ich es neu beschreiben wollte. Ich musste einiges ausradieren, was schon darauf stand. Vielleicht nicht alles, aber alles, was nicht mehr stimmte. Und dann musste ich neue Worte suchen. Neue Sätze bilden. So lange, bis sie auch einen neuen Sinn ergaben …

Ich hatte das Gefühl, als ginge eine Tür in mir auf, wenn auch vorerst nur einen Fingerbreit. Ich spürte, dass dahinter viel Raum war. Raum für alles Mögliche. Und ich stellte vorsichtshalber einen Fuß in den Spalt, damit die Tür nicht wieder zufiel.

Es war Zeit für die Geparden.

Gepardengehege, später Vormittag. Wolke sieben

Das muss es sein: Glück. Sich nicht fortwünschen ins Gestern oder Morgen. Da sein dürfen. Dort, wo dieser Augenblick mich gefunden hat. Hier und jetzt.

Ich habe kaum Worte. Nur drei Namen: Aiko, Kiki, Aisha. Die Geparden. Endlich bin ich bei ihnen. Und tatsächlich auch schon ein bisschen mehr bei mir … Es ist fast ganz still. Niemand spricht. Nur das Schnurren der Katzen um uns herum. Ohrenbetäubend. Drei gefleckte Kraftwerke, die vor Behagen vibrieren. Und ich sitze neben ihnen. Hier in meinem Traum …

Als wir hineingingen, kam Aiko, der Kater, schnurstracks zu mir. Zu mir! Wie oft habe ich mir das ausgemalt, und nun ist es wahr … Kein Gedanke an Furcht vor diesem großen Tier. Meine Hand wollte sofort auf seinen Kopf. Sein Fell ist struppig. Hart, voller Sand. Wenn man Aiko hinter den Ohren krault, schließt er die Augen. Und schnurrt gleich noch ein bisschen lauter.

Jetzt hebt er den Kopf. Sieht mir kurz ins Gesicht. Bernsteinblick, stoisch, und schon vorbei. Die blitzblankschwarze Nase will in meine Hand. Salz lecken. Seine Zunge ist rau wie Schmirgelpapier. Voller Hingabe schrubbt sie mir über die Haut. Ökopeeling frei Haus. Es scheint ihm zu schmecken. Dabei kennt er mich kaum. Andererseits: Wenn er mich nicht riechen könnte, würde er das hier nicht tun. Meine Nähe nicht dulden. Katzen sind eigen in diesen Dingen.

Ruhe kehrt ein in mir. Etwas wie Frieden. Die Gelassenheit dieser Geparden. Was kann mir jetzt noch passieren? Hier bin ich sicher. Im Reinen mit mir. Genau das wollte ich, darum bin ich gekommen: um meine Krafttiere zu erleben. Um den Respekt wiederzufinden vor meinen Träumen und mir. Für diesen Augenblick hat sich Namibia schon gelohnt. Und für die Tür, die sich gerade erst öffnet …

Dieses Tier, das mir die Hand raspelt mit seiner Sandpapierzunge, hat keine Ahnung, wie tief es mich rührt. So viel Hingabe und Würde und Zutraulichkeit … Warum hast du dir ausgerechnet mich ausgesucht? Ich bin nichts Besonderes. Kann nichts Besonderes. Vor allem hier draußen im Busch habe ich wenig zu bieten. Ein bisschen Neugier und Halbwissen vielleicht, aber das bringt mich im Notfall nur noch schneller um. Warum also ich? Kannst du mir das mal sagen? Nein, kannst du nicht. Willst du nicht. Und überhaupt ist es dir herzlich egal. Du sitzt nur da und leckst meine Hand, und das ist dir schon genug. Was kümmert dich der Rest der Welt. Was kümmert er mich. Das hier soll niemals aufhören. Es hat ja gerade erst angefangen.

Ich dachte immer, dass ich sterbe vor Glück, wenn ich bei meinen Geparden bin. Aber jetzt sitze ich hier und lebe noch immer und freue mich stumm und eher nach innen. Na ja, Reden wäre jetzt auch nicht so gut. Wenn das so weitergeht, heule ich gleich. Ich beherrsche mich lieber, sonst leckt mir Aiko noch durchs Gesicht. Ich bin über vierzig. Meine Haut macht das bestimmt nicht mehr mit …

Wurzelentzündung? Erdmännchenbiss? Blaue Flecken von Pavianzähnen? Jammern und fremd sein und Heimweh haben? Das war gestern. Heute hat all das einen Sinn. Es ist der Preis, den ich zahle für meine Geparden. Für eine Kraft, die ich erst jetzt entdecke. In diesem Moment, da ich hier bin, jetzt, heute, und nicht schon wieder bei morgen. Was für ein Geschenk! Dafür darf Nemo gern noch mal an mir knabbern …

Ich wollte, dass Afrika etwas mit mir macht. Dass es die Watte, den Nebel zerreißt. Dass es mich wachküsst aus meinem Dornröschendämmer. Na gut, es küsst mit viel Schmirgelpapier, aber es ist ein Kuss. Jetzt ist Aiko in meinem Leben. Und bald alles andere, was mich da draußen sonst noch erwartet. Und ich freue mich darauf wie ein kleines Kind.

Man möchte fast meinen, da ist noch jemand in mir. Jemand, den ich nicht kenne, vermutlich weil ich noch nie so weit drin in mir war. Jemand, der einfach nur hier sein will und nirgendwo anders, dem neue Antennen wachsen, damit er ja nichts verpasst von alldem, was jetzt hoffentlich kommt. Wenn ich das damals geahnt hätte, als kleines Mädchen, das seinen ersten Geparden an Grzimeks Seite im Fernsehen sah! Und nun sitze ich selbst hier, mit drei Raubkatzen, am Ziel alter Träume, und kann es kaum fassen … Ich weiß nicht, ob ich das Zeug zur wilden Frau habe. Doch wer nicht wagt, der nicht gewinnt. Ich lasse mich nicht mehr abschrecken von meiner eigenen Angst. Das Schlimmste wäre, es nicht zu versuchen, weil man zu feig ist und sich mit Halbheiten begnügt. Okay, dann mal los. Keine Rückzieher mehr. Keine Ausflüchte. Keine Hintertürchen. Es geht nur noch vorwärts. Das hier ist Leben. Aufbruch. Bewegung. Und das, was früher war, nicht.

Aiko gähnt. Heißt das, die Audienz ist beendet? Solomon nickt. Es wird Zeit … Aber das ist ja nicht schlimm. Ich komme zurück, sobald Aikos Schmirgelpeeling nicht mehr wirkt. In der Zwischenzeit werde ich Gräben ausheben, rohes Fleisch zersäbeln und Buschgras schneiden. Und alles, was nötig ist, tun, um die wilde Frau aus ihrer Höhle zu locken. Wach ist sie schon, ich merke ja, wie es sich in mir regt. Schlaf nicht wieder ein! Hörst du! Ich bin noch fremd hier, ich brauche Antworten von dir. Erklär mir, wohin diese Reise geht. Pass auf, dass ich die richtige Route nehme. Und dann sag mir endlich, wer du eigentlich bist …

Als wir zur Farm zurückkehrten, wurden wir schon erwartet. Wir waren spät dran. Zu viele Fragen an Solomon, zu viel Glück bei den Geparden. Unser Führer ging schnurstracks auf die Buschmänner zu, die vor dem Kühlhaus standen. Ich war noch mit den Wundern des Vormittags und meiner brennenden Hand beschäftigt und trottete einfach hinterher. Als wir bei ihnen waren, blieb er stehen. Unsere Patrouille war offenbar zu Ende.

Da drangen vertraute Laute an mein Ohr. »Bist du Barbara?«, wurde ich auf Deutsch gefragt.

Ich blickte auf. Vor mir stand ein junger Mann mit Brille. Marke kerniger Naturbursche. Sehr schlank und drahtig, kurzes dunkles, ein wenig gewelltes Haar. Er war tiefbraun. Wohl deshalb war er mir unter all den Buschmännern nicht gleich aufgefallen. Tatsächlich hatte ich selten einen Weißen gesehen, dessen Haut so schwarz war. Es stand ihm gut.

Ich nickte überrascht. »Ja, bin ich.«

Er streckte mir die Hand hin. Ihre Innenseite und die Haut unter seinen Nägeln wirkten im Kontrast zu seiner sonstigen Bräune unnatürlich hell.

Er lachte. »Flo. Eigentlich Florian, aber so nennt mich kein Mensch. Ich komme aus Berlin. Hier auf der Farm bin ich zusammen mit meiner Kollegin Cila für die Forschung zuständig.«

Flo. Den Namen hatte ich schon gehört. Jetzt fiel es mir wieder ein. Jo hatte ihn erwähnt. Er war derjenige, der neulich die Schwarze Witwe entdeckt hatte. Ich lächelte zurück. Ich mochte es, wie er mich kennenlernte.

»Herzlich willkommen«, fuhr Flo fort. »Ich hoffe, dir gefällt's hier bei uns.«

Ich nickte heftig, ohne einen Gedanken an die Sinnkrisen der beiden letzten Tage zu verschwenden. »Wir kommen gerade von den Geparden.«

»War wohl gut, oder?« Er grinste.

»Ziemlich gut«, grinste ich zurück.

»Wenn du die Katzen magst, interessiert dich vielleicht auch unser Forschungsprojekt. Wir haben vor gut zwei Monaten mit der Auswilderung von Geparden und Leoparden angefangen.«

Ich horchte auf. »Natürlich interessiert mich das. Wo wildert ihr sie denn aus?«

Dieser Mann schien öfter zu lachen. Jetzt zum Beispiel wieder. »Wenn du willst, setzen wir uns nach dem Mittagessen zusammen. Dann erzähle ich dir mehr. Ich muss jetzt mit den Buschmännern zu den neuen Gehegen. Wir wollten schon längst drüben sein.«

»Tut mir leid, dass wir so spät kommen«, sagte ich entschuldigend. »Solomon kann nichts dafür. Wir hatten so viele Fragen.«

Er machte eine wegwerfende Geste. »Nicht so wild. Hier muss man sowieso alle naselang umdisponieren. Das ist eben Afrika.«

Das ist eben Afrika ... Es klang wie eine Zauberformel, mit der sich vieles erklären ließ. Ich beschloss, mir diesen Satz zu merken. Es würde bestimmt noch die eine oder andere Gelegenheit geben, bei der ich ihn anbringen konnte.

In der Mittagspause traf ich Flo vor dem Büro wieder. Mir fiel auf, dass sein T-Shirt schon arg mitgenommen aussah – es war von der Sonne ausgebleicht, und zahlreiche Löcher zeugten von der zerstörerischen Kraft der namibischen Vegetation. Eine Neuanschaffung lohnte sich wohl nicht. Ich warf einen verstohlenen Blick auf seine braunen Arme und haderte kurz mit meinem Schicksal, das mich mit rotblondem Haar, Sommersprossen und einem blassen Teint geschlagen hat.

Wir setzten uns draußen vor der Palisade auf etwas, das wie ein Raubtierkäfig aussah. Hinter uns kreischte es. Die kleinen Paviane spielten wieder einmal Räuber und Gendarm in ihrem Gehege.

»Du bist vorgestern gekommen, oder?«, fragte Flo und zündete sich eine Zigarette an. »Dann hast du ja sicher schon einschlägige Erfahrungen mit der Farmarbeit.«

Ich lachte. »Das kann man so sagen. Buchstäblich. Jeder Schlag ein Treffer.«

Er zog an der Zigarette und sah mich mit zusammengekniffenen Augen an. »Wie?«

»Wir sollten einen Bewässerungsgraben ausheben. Mit der Spitzhacke.« Ich deutete mit dem Zeigefinger auf meine Wange. »Aber ich habe Zahnschmerzen. Ich dachte jedes Mal, ich treffe den Nerv.«

»So schlimm?«

»Mit Schmerztabletten geht's gerade so.«

»Na dann.« Er blies den Rauch aus, und sein Ton wurde geschäftsmäßig. Wenn man nicht gerade im Sterben lag, waren körperliche Gebrechen hier draußen wohl kein Thema. »Gut, zu unserem Projekt. Vielleicht hat es Jo bei der Einführung schon erwähnt. – Ja? Also, die

Sache ist die: Der größte Teil Namibias wird landwirtschaftlich genutzt. Auf dem Farmland leben Rinder, Pferde, Schafe und Ziegen. Aber auch Wildtiere. Und natürlich Raubkatzen. Die lassen sich durch Zäune nicht aussperren, wenn sie wissen, dass es auf der anderen Seite etwas zu jagen gibt. Viele Farmer stehen deshalb auf Kriegsfuß mit Geparden und Leoparden. Sie haben Angst, dass sie ihr Vieh reißen, und leider kommt das auch immer wieder vor. Von Rechts wegen dürfen sie die Katzen jederzeit abschießen, und nicht wenige tun das auch. Aber wenn man bedenkt, dass es weltweit nur noch höchstens zwölftausend Geparden gibt, ist das keine so gute Lösung. Deshalb haben Marlice und Rudie …« Flo unterbrach sich. »Das sind die Besitzer von N/a'an ku sê, falls du das noch nicht weißt«, erklärte er. »Marlice ist so etwas wie eine Tierflüsterin, auch wenn sie sich selbst nie so bezeichnen würde. Sie ist hier in Namibia auf einer großen Farm aufgewachsen, auf der man verletzte und kranke Tiere aufpäppelt. Sie hat schon alle möglichen Arten großgezogen: Löwen, Leoparden, Geparden, Paviane … Tiere sind ihr Leben. Rudie ist hauptberuflich leitender Arzt an einer Praxisklinik in Windhuk. Aber ihm liegen der Tier- und Naturschutz genauso am Herzen wie Marlice. Zusammen haben sie diese Farm gegründet, um den Tieren und Buschmännern zu helfen. Das Forschungsprojekt ist unser jüngstes Baby.«

Urplötzlich erreichte das Gezeter im Paviankäfig hinter uns seinen Höhepunkt, sodass ich Flo kaum noch hören konnte. Vermutlich stand nun der Verlierer bei Räuber und Gendarm fest und wollte seine Niederlage nicht wahrhaben. Und als wäre das noch nicht Ablenkung genug, kam in diesem Augenblick Pisces des Weges, eine füllige schwarzweiße Jack-Russell-Dame, die mir bisher eher durch ihr lethargisches Naturell aufgefallen war. Das Temperament ihrer Rasse hatte sich offenbar nicht bis zu ihr durchgemendelt. Sie wedelte andeutungsweise mit dem Schwanz, als wir sie riefen, bequemte sich aber nicht herbei, sondern trippelte über den Hof davon. Ich persönlich konnte mich nicht recht für Pisces erwärmen. Doch es gab andere, die sie für die wunderbarste Hundeseele auf der Farm hielten, wie Flo mir versicherte, während ihr quadratisches Hinterteil wackelnd um die Ecke der Futterküche verschwand.

Flo hielt es nicht länger auf dem Käfig; er sprang herunter und hob ein Stück Papier vom Boden auf. Stillsitzen war offensichtlich nicht nach seinem Geschmack. Im Gegenteil, er wirkte ein wenig hyperaktiv. Aber alles, was er tat oder sagte, verriet Begeisterung und Hingabe. Dieser Mann war ein wandelndes Energiebündel. Und immer auf dem Sprung. Ich fragte mich, ob das einen Grund hatte. Ob es vielleicht etwas gab, vor dem er davonlief. Sofort verbot ich mir jeden weiteren Gedanken daran. Keine Komplikationen, bitte. Ich war wegen der Tiere hier. Nicht wegen der Menschen.

Flo sah mich unternehmungslustig an. »Wie wär's? Wollen wir uns ein bisschen blutig machen?«

Fünf Minuten später waren wir mit einem Eimer voller roher Fleischbatzen zu einem weißen Trailer unterwegs, der ein Stück abseits der Volontärsunterkünfte stand. Das Tempo, das Flo vorlegte, stand Solomons Buschmannschritt in nichts nach. Ich habe ihn seither selten langsam gehen sehen. Sein Standardmodus war Eile, manchmal wirkte er sogar fast gehetzt. Dabei hatte er jedoch immer genug Luft zum Reden. Er erklärte, dass in dem Trailer vorübergehend eine Gepardenmutter mit ihren beiden halbwüchsigen Jungen untergebracht war. »Sie stammen von der Nachbarfarm. Sie haben Springböcke gejagt, kein Vieh, aber der Farmer wollte sie nicht mehr auf seinem Land haben. Deshalb haben wir Kastenfallen aufgestellt. Jetzt parken wir die drei hier auf der Farm, bis die Sendehalsbänder da sind und uns die Regierung grünes Licht für die Auswilderung gegeben hat.«

Die letzten Sätze hatte Flo nur noch geflüstert. Wir waren am Trailer angekommen, was man vor allem roch. Der typische, strenge Wildkatzenduft lag in der Luft. Drinnen hörte man unruhiges Stampfen, sonst aber keinen Laut. Die Tiere hatten uns längst bemerkt. Mit einer Handbewegung bedeutete er mir, auf der Rückseite des Käfigs stehen zu bleiben. Er selbst ging zur offenen Gitterseite hinüber und warf vorsichtig einen Blick um die Ecke. Dann winkte er mir, legte jedoch vorsorglich den Zeigefinger auf die Lippen. Ich schlich zu ihm und duckte den Kopf unter seinem Arm durch, um besser um die Ecke spähen zu können.

Ein wildes Paar Augen starrte mir entgegen. Es war die Mutter; sie hatte sich mit gebleckten Zähnen schützend vor ihre Jungen gestellt. Jetzt legte sie die Ohren zurück, stampfte mit beiden Vorderläufen auf und fauchte. Geparden zwitschern, fiepen, gurren, schnurren, knurren und bellen, aber sie können nicht brüllen. Ihr Stimmapparat lässt das nicht zu.

Diese Geparden waren alles andere als sanfte, zahme Tiere. Aus ihrem Verhalten sprach das Leben im Busch. Jeder Tag ein Kampf. Sieg oder Niederlage. Nur zu oft mussten sie ihre Beute an Hyänen und Leoparden abtreten, die stärker waren als sie. Sie hatten keine Veranlassung zu vertrauen, schon gar nicht Menschen, die mit Gewehren Jagd auf sie machten. Oder sie in Fallen fingen und in Käfige steckten. Dass sie bald wieder in Freiheit sein würden, konnte diese Mutter ja nicht wissen. Und auch wenn es ihr nur der Instinkt eingab, ihre Jungen zu verteidigen, so beeindruckte mich doch ihr Mut.

»Sie sehen gut aus«, flüsterte es über meinem Kopf.

Ich fand die drei Geparden eher struppig. »Wie lange sind sie denn schon hier drin?«

»Eine Woche. Schon viel zu lange.« Flo tippte mir auf die Schulter. »Komm. Ich schiebe ihnen das Fleisch hinein, und dann lassen wir sie wieder in Ruhe.«

Auf dem Rückweg beschäftigte mich noch immer das Bild der drohenden Mutter. »Hätte sie uns angegriffen, wenn sie gekonnt hätte?«

»Wenn sie gekonnt hätte, wäre sie schon längst geflohen«, erwiderte Flo. »Dann wären wir niemals so nah an sie herangekommen. Geparden gehen allem aus dem Weg, was ihnen überlegen ist. Löwen, Leoparden und Hyänen zum Beispiel haben sie nichts entgegenzusetzen. Sie wissen genau, dass sie im Zweifelsfall den Kürzeren ziehen. Eine Verletzung können sie sich nicht leisten – nicht, wenn sie täglich jagen müssen und alles davon abhängt, ob sie fit sind oder nicht. Und schon gar nicht, wenn sie ein paar hungrige Mäuler zu stopfen haben.«

»Besteht denn nicht die Gefahr, dass sie sich hier auf der Farm zu sehr an Menschen gewöhnen?«, wandte ich ein. »Ihr wollt sie doch wieder auswildern.«

Flo nickte, während er sich die blutverschmierten Hände an der Hose abwischte. »Prinzipiell besteht diese Gefahr. Deshalb beschränken wir den Kontakt mit den Geparden auf ein Minimum. Aber besser, als wenn sie dem Farmer vor die Büchse laufen würden, ist es hier allemal. Wir tun alles, damit wir sie bald wieder in die Freiheit entlassen können. Leider dauert das länger, als uns lieb sein kann. Aber so schnell vergisst kein Gepard, wie das Jagen geht, wenn er es einmal gelernt hat.«

Wir standen wieder vor dem Büro. Ich hoffte, dass unsere Unterhaltung noch nicht beendet war. Ich hatte noch jede Menge Fragen. »Und wie funktioniert das Auswildern? Das ist mir noch nicht ganz klar.«

Flo winkte mich hinein. »Komm mit. Ich erklär's dir.«

Ein großer, halbdunkler Raum empfing uns. Er war angenehm kühl. Ich kannte ihn schon von der Einführung. Neben ein paar Stühlen standen zwei Schränke und diverse Regale darin; auf einem großen Tisch lagen Stifte, Aktenordner und beschriftete Datenblätter. Unter einem Tuch mit Leopardenmuster, das vermutlich als Schutz vor Sand und Staub diente, lugte ein Laptop hervor. In einem der Regale entdeckte ich ein kleines Kuriositätenkabinett: eine abgestoßene Schlangenhaut, schwarzweiße Stacheln vom Stachelschwein, ein paar Straußeneierschalen, einen Pavianschädel mit kapitalen Reißzähnen, ein Antilopenhorn, zwei vertrocknete Spinnen in Plastikdosen …

»Setz dich doch«, sagte Flo, während ich noch das Sammelsurium begutachtete. Er kramte in einem Stapel Papier und zog schließlich eine Karte hervor. Sie war von Hand gemalt und zeigte nichts weiter als einen unregelmäßigen Umriss, durch den kreuz und quer einige Linien liefen. Sie markierten die Schotterstraßen. Ab und zu stand in Druckbuchstaben ein topografischer Name da.

»Das ist die Nachbarfarm.« Flo tippte auf die Karte. »Wir haben sie in Sektoren aufgeteilt. Wenn uns der Farmer eine Katze meldet, die ihm und seinem Vieh Probleme macht, fahren wir diese Sektoren ab und halten nach Spuren Ausschau. Und nach Spielbäumen.« Er hob den Kopf und sah mich an. »Spielbäume sind gewissermaßen die Litfaßsäulen der Geparden. Sie markieren sie immer wieder, hinterlassen Kratzspuren, Haare und jede Menge Losung. Damit teilen sie sich ihren Artgenossen mit. Die Geparden kommen immer wieder dorthin zurück. Sozusagen, um Zeitung zu lesen und zu erfahren, welche anderen Geparden wann hier durchgekommen sind. Ob es potenzielle Rivalen oder hitzige Weibchen waren und so weiter. Wenn wir einen Spielbaum gefunden haben, den der fragliche Gepard frequentiert, stellen wir unsere Kastenfalle dort auf und …«

Ich unterbrach ihn. »Aber woher wollt ihr wissen, dass das der richtige Gepard ist und nicht vielleicht einer, der gar nicht auf Vieh aus ist?«

»Gute Frage.« Flo lächelte, und ich war ein bisschen stolz auf mich. »Das erkennen wir an den Spuren. Das heißt: Unsere Buschmänner erkennen das. Sie sehen, ob das Tier ausgewachsen ist, Kater oder Katze, wie viel es ungefähr wiegt, ob es verletzt oder gesund ist – und wie alt die Spur ist. Erst gestern haben wir eine gefunden, die Gogga auf acht Wochen schätzt.«

»Acht Wochen?«, wiederholte ich. »Wie kommt er denn darauf? Ich meine: Das ist doch eine ziemlich genaue Angabe. Und eine ziemlich lange Zeit.«

Flo zuckte die Achseln. »Er weiß es eben. Er ist hier geboren und aufgewachsen. Er hat das Spurenlesen von klein auf gelernt. Wenn du das ein paar Jahrzehnte geübt hast, geht es dir in Fleisch und Blut über. Dann hast du auch eine andere Verbindung zu diesem Land. Zu den Tieren. Dann weißt du Dinge, die sonst keiner weiß, und kannst in der Natur lesen. Wie in einem offenen Buch.«

Das leuchtete mir ein: Die Buschmänner waren mit dem Busch, mit der Wüste verwoben. In Hunderten von Generationen hatten ihre Ahnen gelernt, mit der Natur zu leben und ihr ihre Geheimnisse abzuringen. Sie hatten entdeckt, wie man in der Wüste Wasser findet und sich nachts an den Sternen orientiert, welche Pflanzen essbar sind und welche heilen können, welche Tiere man jagen darf und wie man ihre Geister um Verzeihung bittet. Im Laufe der Zeit haben sie ein Wissen angehäuft, das sich nicht in Bücher pressen lässt.

Dieses Wissen folgt anderen Gesetzmäßigkeiten von Ursache und Wirkung, als wir Abendländer sie kennen. Für die Buschmänner ist die Natur ein atmendes Lebewesen, und alles darin hat eine Seele: Tiere, Pflanzen, Steine, ja selbst Orte. Wenn man etwas daraus entfernt, ihm Schaden zufügt oder es tötet, muss man durch heilige Handlungen das Gleichgewicht wiederherstellen. Denn alles ist ein ewiger Kreislauf, der nicht unterbrochen werden darf, der keinen Anfang und kein Ende hat. Ich beneide die Buschmänner um ihr Wissen über diese Dinge. Ich beneide sie nur nicht darum, in unserer »zivilisierten« Welt leben zu müssen. Sie hat ihnen Alkohol, Armut und Krankheit gebracht. Und jede Zukunft genommen.

»Du kannst es dir folgendermaßen vorstellen«, nahm Flo den Faden wieder auf. »So wie dir im Schlussverkauf ein Schnäppchen ins Auge springt, entdeckt Gogga die Spur eines Geparden. Er findet sie einfach. Oder sie ihn.«

Der Vergleich überzeugte mich. Ich nickte. »Ihr wisst jetzt also, dass euer Gepard ab und zu an diesem Spielbaum seine Krallen wetzt. Und was passiert dann?«

»Dann bauen wir einen Wall aus Dornbüschen um den Spielbaum. Wir lassen eine Lücke und stellen die Kastenfalle hinein. Und dann müssen wir nur noch warten.«

»Und wenn der Gepard Lunte riecht?«, fragte ich. »Wenn er nicht in die Falle geht?«

Flo rieb sich die Hände, an denen noch immer trockenes Blut klebte. Seine Augen funkelten, als läge er im Geiste schon im Gebüsch auf der Lauer. »Verlass dich darauf – er geht. Geparden kehren immer wieder zu ihren Spielbäumen zurück. Außerdem sind sie nicht besonders intelligent. Nur weil plötzlich so ein Metallding in der Botanik steht, werden sie noch lange nicht misstrauisch. Lieber tappen sie in die Falle, als sich einen neuen Baum zu suchen.«

Er sprang auf, ging zu einem der Schränke und zog eine Schublade auf. Während er darin herumkramte, fuhr er fort: »Sobald der Gepard in der Falle sitzt, bringen wir ihn hierher auf die Farm, betäuben und untersuchen ihn. Und wenn er gesund ist, bekommt er das hier von uns.«

Er schien gefunden zu haben, was er suchte, und hielt es hoch. Es sah wie ein Hundehalsband aus, war allerdings breiter und stärker; außerdem hatte es zwei schwarze, wulstartige Verstärkungen, die einander gegenüberlagen. Er kam damit zurück und hielt es mir unter die Nase.

»Das ist ein Funkhalsband. Der Sender befindet sich hier in der großen Ausbuchtung. Er hat eine festgelegte Frequenz, die wir auf unserem Peilgerät einstellen, wenn wir das Tier suchen. Und hier, auf der anderen Seite, sitzt das Gegengewicht. Es dient dazu, das Halsband auszubalancieren.«

Ich befühlte das Leder. Kaum zu glauben, dass man mit diesem unscheinbaren Ding mitten im Busch eine

Raubkatze aufspüren konnte. »Der Gepard ist jetzt also verkabelt. Und wo wildert ihr ihn aus?«

Flo nahm mir das Halsband aus der Hand und legte es sich selbst um. Dazu schnitt er eine Grimasse, die mich an Clarence erinnerte, den schielenden Löwen aus »Daktari«. Er ließ das Halsband wieder sinken. »In NamibRand. Das ist ein privates Naturreservat gut sechshundert Kilometer südlich von hier. Halbwüste. Buschgras, ein paar Trockenflussbetten, Berge und ziemlich viel Landschaft. Dort gibt es keine Farmen und kein Vieh. Aber dafür geschätzte siebzehntausend Springböcke und jede Menge kleinere Beutetiere. Genug, damit unsere Katzen satt werden.«

»Hast du nicht vorhin gesagt, dass ihr eine Genehmigung für die Auswilderung braucht?«

»Korrekt.« Er war schon wieder auf dem Weg zum Schrank, um das Halsband in der Schublade zu verstauen. »Wir können die Tiere ja nicht nach Lust und Laune freilassen. Dazu brauchen wir grünes Licht von der Regierung. Es funktioniert so: Sobald wir genug Geld für das Sendehalsband zusammen haben – die Dinger sind nicht gerade billig –, suchen wir einen geeigneten Ort für den Geparden. Es dürfen keine Farmen in der Nähe sein, es muss genug Futter geben, und Artgenossen sollten die Möglichkeit haben, sich aus dem Weg zu gehen. Wir bitten die Regierung um die Auswilderungsgenehmigung, die uns mehr oder weniger zügig erteilt wird. Dann lassen wir die Katze frei. Aber das heißt nicht: aus den Augen, aus dem Sinn. Wir beobachten die Tiere in ihrer neuen Umgebung, indem wir sie regelmäßig tracken. Das heißt, wir versuchen, Peilung aufzunehmen und dem Signal zu folgen, bis wir im Idealfall Sichtkontakt haben. Wir wollen ja schließlich, dass sie im Reservat bleiben und nicht wieder auf Farmland abwandern. Dabei helft uns übrigens auch ihr Volontäre.«

Ich horchte auf. »Ach ja? Inwiefern?«

»Ich hab mir schon gedacht, dass dich das interessiert. Hast du mein Feuerzeug irgendwo gesehen?« Flo stand auf und klopfte seine Hosentaschen ab. »Da ist es ja … Kommst du mit raus?«

Ich folgte ihm ins Freie. Während er sich seine Zigarette ansteckte, fragte ich: »Also, wie ist das nun mit den Volontären?«

Flo sah mich durch den Rauch hindurch an. »Vor gut zwei Monaten haben wir die ersten Geparden ausgewildert. Im Moment ist eine Gruppe zum Tracken in NamibRand. Ende nächster Woche fahre ich hin und löse sie ab. Wenn du willst, kannst du mitkommen. Ich setze dich auf die Liste. Es ist noch Platz für einen oder zwei.«

Ich war wie elektrisiert. Halbwüste? Forschung? Geparden? »Ich weiß zwar nicht, was ich machen muss, aber ich bin dabei.«

Ich traute meinen Ohren kaum. Hatte ich das eben wirklich gesagt?

Er lachte. »Hör dir lieber erst an, was auf dich zukommt. Wir wohnen in Gorrasis. Das ist ein leer stehendes Farmhaus mitten im Nichts. Kein Strom, kein Handyempfang. Kerzen und Petroleumlampen. Heißes Wasser haben wir nur, wenn wir vorher Feuer im Donkey machen. Wir stehen auf, sobald es hell wird, und sind spätestens um halb sieben im Feld. Getrödelt wird nicht, sonst mache ich euch Beine. Dann geht's immer dem Signal nach, sofern wir eins haben. Und wenn es hinter einem Berg verschwindet, lassen wir den Pick-up stehen und klettern hinauf. Schlangen, Hitze und Durst natürlich inklusive.«

Ich geriet ins Grübeln. Keinerlei Komfort. Elektrizität Fehlanzeige. Einöde, abgeschnitten vom Rest der Welt. Gefährliches Getier am Wegesrand. Schweiß, Blasen und Sonnenbrand. Dazu ein Zappelphilipp, der bestimmt im Sturmschritt durch die Wüste rannte. Das klang nach Quälerei. Und nach Herausforderung. Gut möglich, dass das Abenteuer eine Nummer zu groß für mich war. Schon wollte ich es mir nicht zutrauen. Aus alter Gewohnheit und ungefähr eine halbe Sekunde lang. Dann dachte ich an die wilde Frau. Ich kannte sie kaum, aber ich war mir ganz sicher, dass sie an meiner Stelle nicht kneifen würde. Solch ein Abenteuer ließ sie sich bestimmt nicht entgehen.

»Ach ja.« Flo warf die Kippe zu Boden, trat sie aus und hob sie wieder auf. Hier blieb nichts liegen, schon gar nichts, was den knochentrockenen Busch um uns herum hätte abfackeln können. »Wenn alles gut geht, werden wir einen Leoparden im Gepäck haben. Er ist schon hier auf der Farm. Die Papiere und das Halsband müssten in den nächsten Tagen kommen. Dann können wir ihn auswildern.«

Mein Herz klopfte bis zum Hals. Einen Leoparden auswildern … Das Geschenk, das mir da gerade auf dem Silbertablett serviert wurde, durfte ich nicht ausschlagen – nicht, wenn ich der Kleinen im Pyjama von damals treu bleiben wollte. Meine Zweifel waren wie weggeblasen. Ich hatte das Gefühl, mitten in meiner eigenen »Daktari«-Folge gelandet zu sein. Ich brauchte nur noch Ja zu sagen. Zu Flo. Zur Halbwüste. Zum Leoparden und der wilden Frau.

Ja, ja! Ich will!, juchzte es in mir. Dabei hätte ich fast überhört, was mir die Vernunft ins Ohr zischte: So schnell gehe das nun wirklich nicht. Ich solle es mir um Himmels willen noch einmal überlegen, schließlich sei der Spaß nicht ganz ungefährlich. Man wisse doch nicht, ob dieser Naturbursche vertrauenswürdig sei. Und außerdem fordere man mit einer Wurzelentzündung in der Wildnis das Schicksal ja geradezu heraus …

Noch nie war mir das, was die Vernunft gebot, so herzlich egal gewesen. Im Grunde hatte sie zwar recht. Aber ich ließ mich schon ein ganzes Leben lang von ihr leiten, und wohin hatte es mich gebracht? Eben. Es wurde Zeit, dass ich auf meinen Bauch hörte. Denn auch er wusste Dinge. Besaß eine Weisheit, die vielleicht größer war als das Wissen in meinem Kopf, weil sie aus mir selbst kam … Tief drunten meldete sich eine neue Stimme zu Wort. Ganz klar und deutlich. Sie machte mir keine Vorwürfe. Sie sagte nur, dass es richtig sei. Gut für mich. Sie sagte: Tu's. Dann, nach einer kleinen Pause, meinte sie noch, dass ich immer schon genug Mut gehabt hätte.

Dass ich viel mehr könne, als ich ahnte. Und dass ich einfach nur vergessen hätte, wie das gehe: an mich selbst zu glauben.

»Wo muss ich unterschreiben?«, fragte ich.

Flo hob die Augenbrauen. »Du musst dich nicht gleich entscheiden. Du kannst es dir ruhig noch ein paar Tage überlegen.«

Ich schüttelte den Kopf. »Da gibt es nichts zu überlegen. Ich will – ich muss mit.«

Er sah mich an. Zum ersten Mal lag ihm nicht sofort eine Erwiderung auf der Zunge. »Okay«, sagte er dann und nickte. »Wenn du meinst … Du bist ja ganz schön spontan.«

»Findest du?« Dieses Wort hatte ich bislang nicht mit mir in Verbindung gebracht. Aber aus seinem Munde klang es wie eine Auszeichnung. Ein Gütesiegel. Prädikat wertvoll. Er wusste schließlich, wovon er sprach. Hier musste man vierundzwanzig Stunden am Tag spontan sein. Wie hatte er es ausgedrückt? »Das ist eben Afrika.« Wenn ich an die Vollmondnacht vor dem Fernseher dachte, der ich all das zu verdanken hatte, musste ich ihm recht geben. Ich war spontan. Manchmal … Jetzt.

»Klar. Also setze ich deinen Namen auf die Liste?«

Ich strahlte ihn an. »Ja.«

Im Gemeinschaftsbad des alten Blocks sah ich zu, wie unter dem Wasserhahn das Blut von meinen Händen in den Ausguss rann. Bei der Fütterung der wilden Geparden hatte ich für Flo die Fleischbrocken aus dem Eimer geholt. Sie waren so frisch gewesen, dass es mir rot durch die Finger tropfte. Es hatte mir nichts ausgemacht. Ich hatte mich eher wie eine Fünfjährige gefühlt, die sich endlich einmal im Matsch richtig schmutzig machen durfte. Überhaupt entdeckte ich gerade so manches wieder, was ich irgendwann vor über dreißig Jahren verlernt hatte. Zum Beispiel Bauklötze zu staunen. Oder mich wie ein Kind zu freuen – so wie jetzt, seitdem ich wusste, dass ich in die Wüste fahren durfte.

Da es kein Handtuch gab, wischte ich mir die Hände an der Hose ab. Es wurde Zeit, die Arbeit rief. Ich wusste nicht, was uns heute Nachmittag erwartete, aber ich fürchtete nichts mehr. Nicht einmal Spitzhacke und Bewässerungsgraben, auch wenn mein Zahn noch immer keine Ruhe gab. Ich fragte mich, ob ich vielleicht schon eine dicke Backe hatte. Mein Blick blieb an dem Spiegel über dem Waschbecken hängen. Er war mir bisher gar nicht aufgefallen, vermutlich weil ich nicht mit ihm gerechnet hatte. Typisch. Drüben im neuen Block mussten wir uns blind zurechtmachen, und hier …

Ich blinzelte. Kniff die Augen zusammen. Riss sie wieder auf. Und sah noch einmal hin.

Dieses Gesicht kannte ich nicht.

Alter Block, früher Nachmittag. Vor dem Spiegel

Das bin nicht ich.

Sie trägt mein Kopftuch. Meine Ohrringe. Dieselbe Sonnenbrille. Die grünen Klamotten. Der Mund stimmt, die Nase mit dem kleinen Höcker auch. Selbst der schiefe Schneidezahn ist ihr perfekt gelungen. Größe, Gewicht – alles gleich … Sie kopiert mich gut. Sie. Diese Fremde. Sie sieht aus wie ich. Sie ist nur nicht ich. Der Blick … dieser Blick …

Das bin nicht ich. Nein, niemals. So habe ich noch nie aus dem Spiegel zurückgeschaut. So entschlossen und ruhig … Sie scheint zu sagen: Wo bist du, Welt, was kostest du? Sie zweifelt nicht, diese Fremde da drüben in meiner Haut. Sie, die in mich gefahren ist, weiß, was sie will. Sie ist es sich wert, ein bisschen mutig zu sein. Sie fürchtet sich nicht mehr genug, um es nicht zu wagen. Sie kennt das Geheimnis: Die Angst wird kleiner, wenn man ihr trotzt …

Ich will das auch. Sein wie sie. Wissen, wer ich bin.

Ich will endlich zu mir …

Mit Zähnen und Klauen

Die große Antilope mit den beiden langen, spießartigen Hörnern lag reglos zu meinen Füßen. An ihrem Hals klaffte ein tiefer Schnitt, aus dem dunkelrot der letzte Rest Leben sickerte. Sie musste noch warm sein, aber ihre geöffneten Augen blickten schon in weite Fernen.

Ich betrachtete das schöne Tier mit der schwarzweißen Gesichtszeichnung und dem massigen fahlbraunen Leib. Das also war mein erster Oryx. Mein erster Gemsbock. Ich hätte ihn lieber draußen in freier Wildbahn gesehen, wachsam und stark und vor allem am Leben. Aber das Fleisch für die Raubtiere war knapp geworden, und so hatten die Arbeiter auf die Jagd gehen müssen. Während die Blutlache auf dem Zementboden vor dem Kühlhaus zu stocken begann, sagte ich mir, dass ich nicht alles haben konnte: einen munteren Oryx *und* satte Geparden. Im Busch ging es nicht um Mitleid oder Gnade. Nur um Fressen und Gefressenwerden.

Ich wunderte mich schon lange nicht mehr über die Gedanken, die mir hier in den Sinn kamen. Allerlei Gedanken waren das. Kraus. Interessant. Absonderlich. Sie fühlten sich eingeladen, auf einen Sprung vorbeizuschauen. Manchmal besuchten sie mich wie eilige Gäste auf der Durchreise und waren schon wieder fort, noch bevor ich sie bitten konnte zu bleiben. Ein andermal wieder machten sie es sich in meinem Kopf gemütlich und wollten partout nicht wieder gehen, vor allem abends im Bett, kurz vor dem Einschlafen. Meistens fuhren wir dann zusammen noch ein bisschen Karussell, bis mir ganz schwindelig wurde, als hätte ich zu viel getrunken. Was manchmal auch der Fall war. Es endete meistens damit, dass ich aus dem sich wild drehenden Karussell flog, hinauf zu den Sternen, die hier so hell funkelten wie nirgends sonst. Und erst morgens, wenn sie verblassten, stürzte ich aus meinen luftigen Höhen und wüsten Träumen wieder auf die rote afrikanische Erde hinab.

In Gedanken schrieb ich ständig an meinem Tagebuch, ohne auch nur ein einziges Wort zu notieren. Das hatte den Vorteil, dass ich nebenbei arbeiten konnte. Tags zuvor zum Beispiel hatten wir den Maschendrahtzaun um den Müllplatz ausgebessert. Nachts waren immer wieder Ratten und andere Tiere durch die Löcher geschlüpft und hatten sich an den Müllsäcken zu schaffen gemacht. Zum Glück war es ein eher kühler Tag, sodass sich die Geruchsentwicklung in Grenzen hielt. Wir suchten im Materiallager größere Stücke Hühnerdraht zusammen, um damit die schadhaften Stellen im Zaun zu stopfen, und kehrten zum Müllplatz zurück.

Auch wenn es keine besonders anspruchsvolle Arbeit war, erforderte sie doch Konzentration. Wir sprachen kaum; während wir die Drähte zurechtbogen, war jeder mit sich und seinen eigenen Gedanken beschäftigt. Mir schoss so vieles durch den Kopf: Gedankenfetzen, Eindrücke, Bilder der letzten Tage, die nicht in Vergessenheit geraten wollten. Das Gespräch mit Flo und die Vorfreude auf die Wüste. Mein Erstaunen darüber, dass ich mich nicht im Geringsten mehr an schmutzigen Fingernägeln und Hosen störte. Das nächtliche Bellen der Geckos und das Geschrei der Paviane. Eher flüchtig und am Rande mein Leben zu Hause – Familie und Freunde und die Manuskripte, die auf mich warteten. Und dazwischen immer wieder ich. Ich in Afrika. Bei den Geparden. Vor dem Spiegel.

Ich hatte keine Lust mehr, mich mit meinen Launen, Empfindlichkeiten und Ängsten weiter im Kreis zu drehen. Sie stahlen mir die Zeit. Das war doch gar nicht mehr ich. Ich wollte viel lieber diese Fremde sein, die eine unbändige Neugier in sich spürte. Die sich für nichts zu schade war, wenn es den Einsatz lohnte. Und die sich auf sich selbst verlassen konnte – darauf, dass sie nicht klein beigab. Dass sie durchhielt. Also Schluss mit den Wehleidigkeiten. Sie interessierten hier niemanden, am allerwenigsten mich. Ich mochte gar nicht daran denken, was mir während der ersten Tage womöglich entgangen war, als sie mich noch im Griff hatten. Ich wollte nichts mehr verpassen, beschloss ich dort vor dem Maschendrahtzaun am Müllplatz, während ich das letzte Stück Draht zusammendrehte. Ich wollte mein kleines afrikanisches Abenteuer. Live. In voller Länge, in Farbe und Stereo.

Mittlerweile war der Gemsbock ausgeblutet, und die Buschmänner machten sich ans Ausweiden. Sie spießten den Kadaver auf einen Fleischerhaken und hievten ihn an einem Flaschenzug in die Höhe. Ich beobachtete sie von der Futterküche aus, wo ich Gemüse schnitt. Sie sprachen nur das Nötigste. Es war Schwerarbeit, begleitet vom Gesumm der Fliegen, die immer zahlreicher wurden. Längst hatten sich sämtliche Hunde eingefunden, um das Blut aufzulecken, bevor es vollends gerinnen konnte. Als die Bauchhöhle des Oryx der Länge nach geöffnet war, quollen die Eingeweide hervor und ergossen sich auf den Zementboden vor dem Kühlhaus. Prall, fast schon obszön glänzten Darm, Magen und Leber in der Sonne. Ich war seltsam berührt und konnte doch nicht wegschauen.

Ich bereute es sofort. »Aua!«

Quer über meinen rechten Zeigefinger zeichnete sich ein Schnitt ab, der sich augenblicklich rot färbte. Ich presste den Mund darauf und saugte die Luft an, in der vagen Hoffnung, die Wunde durch den Unterdruck verschließen zu können. Alles, was ich damit erreichte, war freilich, dass mein Zahn wieder schmerzhaft zu pochen begann. Aus dem Schnitt blutete es unterdessen weiter.

»Wirst du's überleben?«, fragte Jessie nach einem kurzen Seitenblick und widmete sich wieder ihrem Salatkopf.

Ich musste lachen. »Du hast leicht reden. Ich habe eben zwei linke Hände. Und ich bin halbinvalide.«

»Meinst du den Finger oder den Zahn?«

»Den Zahn. Es wird und wird nicht besser. Trotz Tabletten.« Ich ging zum Waschbecken und hielt meinen Finger unter den kalten Wasserstrahl. Das half, die Blutung stoppte. Nach einer Weile inspizierte ich mein Werk. Ich würde kein Pflaster brauchen. Nur noch ein kleiner scharfer Schmerz erinnerte mich an mein Malheur.

April erschien im Eingang zur Futterküche. »Kann jemand von euch Emily drüben im Kühlhaus helfen?«

Ich dachte an die Karotte, die noch weitgehend unberührt auf meinem Schneidebrett lag. Sie erinnerte mich irgendwie an meinen Finger. »Ja«, antwortete ich schnell. »Ich komme.«

Die Tür des Kühlhauses stand offen. Drinnen war Emily damit beschäftigt, große Fleischstücke und Rippenbögen, die zusammengefroren waren, voneinander zu trennen. Vor Anstrengung hatten sich ein paar Strähnen aus dem braunen Dutt der jungen Britin gelöst und hingen ihr ins Gesicht.

Ich ging hinein. »Lass mich mal versuchen.«

Sie nickte, dankbar, dass sie sich draußen ein wenig aufwärmen konnte, und drückte mir zwei Fleischbrocken in die Hände, an denen noch Reste von Fell zu erkennen waren. Die Raubkatzen störte das nicht; auch in freier Wildbahn schlangen sie ihre Beute mit Haut und Haar herunter. Ich spannte die Muskeln an und zog mit Leibeskräften. Es gab einen hässlich schmatzenden Laut, als sich die Fleischstücke voneinander lösten.

»Was brauchen wir noch?«, fragte ich durch die offene Tür nach draußen.

Emily deutete auf einen Kalbskopf, der am Boden lag. »Den da.«

Ich zögerte kurz. Dann packte ich den Kopf bei den Ohren. Erst jetzt sah ich, dass er nur noch zur Hälfte da war. Der gesamte Teil unterhalb des Oberkiefers fehlte. Jemand hatte ihn feinsäuberlich abgehackt. Ich riss an den Ohren, aber es rührte sich nichts. Der Kopf schien mit dem gefliesten Kühlhausboden wie verwachsen. Ich ruckte noch einmal daran und noch einmal. Ohne Erfolg.

Candys Kopf tauchte in der Tür auf. Ich fühlte mich ihr nach wie vor durch unsere verunglückte Pavianfütterung verbunden. »Vielleicht geht's mit einem Spaten?«, überlegte sie laut, nachdem sie mir eine Weile zugesehen hatte, und lief zur Futterküche hinüber. Eine Minute später hielt ich den Spaten in der Hand. Es tat mir von Herzen leid, als ich ihn ansetzte und unter diesen Kopf stieß, der vor kurzem noch gelebt hatte. Ich musste an Louise denken; sie würde diesen Akt der Gewalt ganz und gar nicht gutheißen. Ich tröstete mich damit, dass die zugehörige Seele längst im Rinderhimmel weilte. Aber wie sehr ich mich auch abmühte, der Kalbskopf ließ sich nicht erweichen. Er bewegte sich keinen Fingerbreit von der Stelle.

Emily hatte sich in der Zwischenzeit ebenfalls einen Spaten besorgt, und so bearbeiteten wir zu zweit das tote Kalb. Wir keuchten bei jedem Hieb. Blutige Eiskristalle spritzten in alle Richtungen. Schließlich gelang es uns, von zwei Seiten Kerben zwischen das tiefgefrorene Fleisch und den Boden zu treiben. Wieder und wieder versuchte ich, den Spaten wie einen Keil hineinzuschieben und den Kopf auszuhebeln. Ohne Erfolg. Dieser Kopf hielt uns zum Narren, und wenn seine Augen nicht so tot gewesen wären, hätte man meinen können, dass sie uns voller Spott zusahen.

Nach zwanzig Minuten waren wir trotz der Kälte durchgeschwitzt, und noch immer gab das Kühlhaus den Kalbskopf nicht preis. Schließlich hatten die Buschmänner, die mit dem Ausweiden des Gemsbocks fertig waren, Erbarmen mit uns. Sie schickten uns fort und legten selbst Hand an. Ich weiß nicht, wie sie es fertigbrachten, aber binnen kürzester Zeit hatten sie den Kopf losgeeist und brachten ihn zu uns in die Futterküche.

Unterdessen schnitt ich schon wieder Gemüse für die Schildkröten und Paviane. Dabei versuchte ich krampfhaft, das Klopfen in meinem Unterkiefer zu ignorieren. Ich war nun kaum noch schmerzfrei, und mir dämmerte, dass ich bald etwas würde unternehmen müssen. In der Wüste, etliche Fahrtstunden vom nächsten Arzt entfernt, konnte ich mir keine Wurzelentzündung leisten.

In wenigen Tagen würden wir nach NamibRand aufbrechen. Ich war ganz und gar nicht traurig, die Farmarbeit hinter mir zu lassen. Es wurde Zeit für etwas Neues. Ich hatte gelernt, mit Machete, Spitzhacke und Spaten umzugehen, und auch meine Fingerfertigkeit im Gemüseschneiden nahm täglich zu, von kleineren Unfällen mal abgesehen. Außerdem hatte ich Maschendraht geflickt, Paviane, Federvieh und Raubkatzen gefüttert, im Gehege der Afrikanischen Wildhunde alte Knochen aufgesammelt, Böden, Ladeflächen und Eimer von Blut gereinigt und Autos geputzt. Ich wusste, dass all das getan werden musste, und so hatte ich es eben getan. Daneben hatte ich viel Zeit mit den Tieren verbracht, Kaninchen und Geparden gestreichelt, die Pavianbabys in ihrem Käfig beobachtet und mit den vier halb zahmen Wüstenluchsen gespielt. Ich hatte mit angepackt, gestaunt und der Farm beim Wachsen zugesehen. Den Englisch-Intensivkurs gab es sozusagen kostenlos dazu.

Abends hatte ich unter dieser unfassbaren Milchstraße ein oder zwei Glas Wein getrunken und mich vom Gebrüll des Löwenkaters drüben im Gehege in den Schlaf wiegen lassen. Inzwischen brachten mich nicht einmal mehr die riesigen Käfer, Stabheuschrecken und anderen Insekten aus der Ruhe, die immer wieder unerschrocken das Gemeinschaftsbad oder meinen Koffer erforschten. Ebenso wenig störte ich mich an schmutzigen Klamotten, Sonnenbrand, aufgesprungenen Lippen, Nasenbluten, kalten Nächten oder fehlenden Spiegeln. Das war eben Afrika. Und ich würde Afrika nicht ändern. Afrika würde höchstens mich ändern. Wenn ich Glück hatte.

Denn da war noch etwas. Es lockte, laut, unüberhörbar, irgendwo jenseits des Zauns. Im Busch. Ich wusste selbst nicht recht, wie ich es nennen sollte. Ich wusste nur, dass es mich meinte. In mir antwortete etwas darauf, das viel, viel älter als ich zu sein schien. Ich musste nur die Tür, die sich an jenem Vormittag bei den Geparden geöffnet hatte, noch ein Stück weiter aufstoßen. Dahinter wartete ein weites Land auf mich. Es lag im Dunkeln, aber wie jemand, der mit verbundenen Augen in ein Zimmer tritt, konnte ich spüren, ob es groß oder klein war. Es war gewaltig. Grenzenlos. Ich merkte es daran, dass ich plötzlich wie von einem Mühlstein befreit durchatmen konnte. So viel Platz war da.

Mittlerweile hatte ich erfahren, dass wir Flo bei der Forschung nicht nur in der Wüste, sondern auch auf der Farm unterstützen konnten. Jeden Morgen sah ich ihn mit seinen beiden Volontären Julie und Peter im Jeep von der Farm fahren, und jeden Morgen sah ich ihnen sehnsüchtiger nach. Ich wäre auch gern den ganzen Tag dort draußen im Feld gewesen, um Spuren zu suchen, Kastenfallen abzugehen oder Wild zu zählen. Um Augen und Ohren aufzusperren und zu lernen, zu lernen, zu lernen …

Nun gehöre ich zu jenen Frauen, die in jahrzehntelanger Übung die Kunst vervollkommnet haben, sich unsichtbar zu machen. Es war mir schon immer unangenehm, andere Menschen mit meinen Wünschen zu belästigen. Lieber verzichtete ich oder löste mich am besten gleich in Luft auf, als jemanden um einen Gefallen zu bitten. Das Glück der anderen war mir stets wichtiger als mein eigenes. Nicht, dass mir meine Uneigennützigkeit oder Dummheit oder wie man es nennen will sonderlich viel Spaß gemacht hätte oder jemals gedankt worden wäre. Und doch war ich bisher nie auf die Idee gekommen, etwas daran zu ändern. Meine Wünsche kundzutun oder gar Dinge, die mir wichtig waren, gegen Widerstände durchzuboxen. Und wenn ich doch einmal einen halbherzigen Vorstoß wagte, um meine Interessen zu vertreten, genügte mir bereits das erstbeste Nein, um klein beizugeben. Ich steckte wieder einmal zurück und sagte mir, dass die Sterne eben etwas anderes mit mir im Sinn hatten.

Aber das war vor Namibia gewesen. Seitdem ich den Fuß auf diese rote Erde gesetzt hatte, war etwas anders geworden. Es mochte viel in den Sternen geschrieben stehen, aber sicher nicht, dass ich nicht das Beste aus meinem Leben machen sollte. Vielleicht hatte diese Erkenntnis mit dem weiten Land jenseits der Tür zu tun. Auf einmal eröffneten sich mir ganz neue Möglichkeiten. Etwa die, dass meine Wünsche nicht weniger wert waren als die der anderen. Dass ich sie vielleicht sogar noch wichtiger nehmen musste.

Der erste Schritt war getan. Ich, die ich so gern plante und kontrollierte, war nach Afrika geflogen, aufs Geratewohl und ohne zu wissen, was mich dort erwartete. Ich hatte Ängste und Unwägbarkeiten in Kauf genommen und war über meinen Schatten gesprungen. Und warum? Weil mich die Geparden gerufen hatten. Es musste sehr schlimm um mich stehen. Vermutlich würde ich demnächst den Verstand verlieren. Doch das traf sich gut, denn ich wollte in Zukunft ohnehin mehr auf meinen Bauch hören. Mein Entschluss, hierherzukommen, auf die Farm, war der beste seit Jahren gewesen. Er schien etwas, das vor langer Zeit zum Stillstand gekommen war, wieder in Gang gebracht zu haben. Und nun, da ich schon einmal da war, wollte ich alles erleben, was es zu erleben gab. Und nur ja nichts versäumen.

Darüber geriet alles andere ins Wanken, selbst meine anfängliche Abneigung gegen die Pavianbabys. Sie waren noch so klein, dass sie nachts ihre Mütter um sich brauchten, und da sie Waisen waren, mussten wir Volontäre als Babysitter einspringen. Zunächst hatte ich den Gedanken weit von mir gewiesen, einen der Kleinen in mein Bett zu lassen. »Parasitenschleudern« nannte ich sie bei mir. Aber dann machten mich die Erzählungen der anderen Volontäre neugierig. Wer konnte schon sagen, ob ich noch einmal Gelegenheit haben würde, Affenkinder so hautnah zu erleben. Und so war ich zum Käfig gegangen, um mir selbst ein Bild von ihnen zu machen.

Von Pavianen mag man halten, was man will. Aber diese fünf Rabauken vor mir waren vor allem eins: tollpatschige Babys. Denn auch Paviane müssen das Springen, Klettern und Toben erst lernen. Was natürlich nicht ohne Unfälle und Abstürze vonstatten geht. Außerdem lieben sie es, sich gegenseitig zu mobben und lautstark quer durch den Käfig zu jagen. Doch keiner der fünf hielt sich lange damit auf, es dem anderen übelzunehmen; schlau drehte man den Spieß um, und bald war der Jäger von eben der Gejagte.

Ich hatte mir eine kleine List ausgedacht, um mich bei den Affenkindern einzuschmeicheln. Musik! Ich wollte singen. Wenn sie eine Melodie mit mir verknüpften, würden sie vielleicht schneller Vertrauen zu mir fassen und mich beim nächsten Mal wiedererkennen. Etwas Beruhigendes, Einschläferndes sollte es sein. Ein Wiegenlied. *Lalelu.* Und so setzte ich mich vor den Käfig und sang:

»Lalelu, nur der Mann im Mond schaut zu, wie die kleinen Äffchen schlafen. Drum schlaf auch du …« Die wilde Jagd drinnen ging völlig unbeeindruckt weiter, aber ich ließ mich nicht beirren. Immer und immer wieder intonierte ich die Melodie, mal mit Text, mal ohne. Und tatsächlich: Irgendwann, nach dem gefühlten hundertsten Mal, zeigte die Gehirnwäsche Wirkung. Mitten im Käfig setzte sich ein Affenbaby hin und schloss die Augen. Das Köpfchen wurde schwer und schwerer und nickte schließlich vornüber. Am helllichten Morgen, ausgeruht, nach über zehn Stunden Schlaf.

Und damit nicht genug. Ein zweiter, der größte von allen, Troy, wie ich wusste, sammelte einen Schnuller vom Käfigboden auf, kam zu mir an den Maschendraht und setzte sich hin. Dann lehnte er den Kopf gegen den Käfigdraht zwischen uns, steckte sich den Schnuller ins Maul und war gleich darauf eingeschlafen. Ich klopfte mir innerlich auf die Schulter. Meine List verfing. Im Käfig herrschte für zwei Minuten paradiesischer Frieden.

Es kam, wie es kommen musste: Mit ihrer unbekümmerten Art, das Leben nicht allzu schwer zu nehmen, Niederlagen wegzustecken und sich mehr oder weniger klaglos wieder aufzurappeln, eroberten die Affen mein Herz. Wann immer ich vor ihrem Käfig saß, brachten sie mich mit ihrer kleinen Comedyshow zum Lachen, und so gewöhnte ich mir bald an, meinen Morgenkaffee bei ihnen zu trinken. Viel besser als mit diesem »Frühstücksfernsehen« konnte ein Tag nicht beginnen. Und ich summte die Erkennungsmelodie dazu.

Nicht lange, und ich hatte meinen Liebling ausgespäht: den etwa sieben Monate alten Bakkies. Sein Name bedeutet auf Afrikaans »Gesicht«, und er trug ihn zu Recht. Mit seinen eng zusammenstehenden Augen und ungewöhnlich buschigen Brauen hatte er einen ausgesprochenen Charakterkopf. Nicht nur die Tatsache, dass er der jüngste Pavian im Gehege war, auch sein munteres Wesen und sein Schicksal nahmen mich für ihn ein. Seine Mutter war in einem Wasserreservoir ertrunken, und er hatte sich keinen anderen Rat gewusst, als sich an ihre Leiche zu klammern – wer weiß, wie lange. So hatte man ihn gefunden. Kein Wunder, dass er nachts besonders viel Nähe brauchte.

Zu dem kleinen Rudel gehörten außerdem Troy, der es liebte, seine Mitbewohner zu terrorisieren, Kayla, die Ausbrecherkönigin, deren Mutter wie die Troys abgeschossen worden war; Lala mit dem dunklen Haarschopf im Nacken, die man aus illegaler Haltung befreit hatte; und Sarafina, die Kleinste und zugleich Älteste, die halbtot und mit Brandwunden übersät auf einer Baustelle aufgelesen worden war. Diese Rasselbande, die tagsüber frech und vergnügt durch ihr kleines Reich tobte, begann abends vor Angst zu schreien, sobald sich die Sonne anschickte unterzugehen. Kleine Paviane fürchten sich vor dem Dunkeln und allem, was darin lauern mag. Deshalb brauchen sie nachts Familienanschluss.

Die Bastion fiel schneller, als ich bis drei zählen konnte. Plötzlich waren alle Vorbehalte gegen einen Pavian in meinem Bett vergessen. Mit einem Mal wollte ich dringend wissen, wie sich ein Affe auf meinem Arm anfühlte. *Dieser* Affe. Mein fröhlicher Bakkies. Wie es wohl wäre, ihm das Fläschchen zu geben und ihn neben mir schlafen zu sehen. Meine hygienischen Bedenken waren vom Tisch, als ich sah, dass die Kleinen nachts Windeln trugen. Die größte Gefahr schien gebannt.

Nachdem an jenem Tag endlich der bockige Kalbskopf zerhackt und das Gemüse verfüttert war, zog es mich wieder zu den Pavianen. Mittlerweile antwortete mir Bakkies mit einem kurzen Keckern, wenn ich seinen Namen rief. Ich setzte mich ins Gras, griff nach den kleinen schwarzen Fingern, die sich mir durch die Maschen im Käfigdraht entgegenstreckten, und begann mit unserem Lied. *Lalelu* in Endlosschleife. Gelegentlich musste ich mich unterbrechen, um Troy zu rügen oder seine Mobbingopfer zu trösten. Doch allmählich wurde ich dort vor dem Käfig ganz ruhig. Auch die Paviane waren jetzt stiller. Einer der Volontäre, Milton, der nebenan am Tisch Tagebuch schrieb, gestand mir später, auch er habe mit dem Schlaf gekämpft. Wahrscheinlich hätte ich uns alle noch in Trance gesungen, wenn nicht plötzlich Flos Kopf über der Palisade aufgetaucht wäre.

»Hey!«

Ich fuhr zusammen, und auch die Affen keckerten erschrocken. »Hey«, erwiderte ich.

»Schau mal, was ich hier habe!« Strahlend hielt er eine weiße Plastikschachtel hoch und schüttelte sie. Irgendetwas raschelte darin.

Ich stand auf und kam misstrauisch näher. Man erzählte sich einiges auf der Farm über Flo und seine Streiche. Er war ein Spaßvogel vor dem Herrn und hatte bisher noch jeden in den April geschickt. Vielleicht war die Reihe nun an mir. Ich wurde ohnehin nicht recht schlau aus ihm. Einerseits steckte in ihm ein großer Junge, der so tat, als sei das Leben auf der Farm ein einziges Abenteuer. Auf der anderen Seite nahm er seinen Job und seine Verantwortung sehr ernst und konnte augenblicklich seinen Sinn für Humor verlieren, wenn ein Volontär schlampig arbeitete und damit vielleicht andere gefährdete. Und irgendwo dazwischen blitzte manchmal ein Vulkan auf, in dem es gewaltig brodelte. Ich mochte Flo auch deshalb so sehr, weil wir uns darin so ähnlich waren.

»Was ist denn das?«, fragte ich vorsichtig.

Flo nahm den Deckel von der Schachtel und hielt sie mir über die Palisade hinweg unter die Nase. »Eine Tarantel.«

Das schwarze, behaarte Ding sah sehr tot aus. Es war nicht anzunehmen, dass es mir in diesem Zustand noch ins Gesicht springen würde. Ich riskierte einen zweiten Blick.

»Unsere Haushälterin hat sie gefunden«, erzählte Flo. »In der Küche. Die Mutter hat sie auch gesehen. Die ist natürlich wesentlich größer.«

Ich verzog das Gesicht. »Das ist das Kind?«

Er nickte. »Und die Mutter geistert bei uns noch irgendwo herum. Willst du mal anfassen?«

Ich lächelte schief. »Lass mal. Spinnen sind nicht wirklich mein Fall. Aber da du gerade da bist … Hast du mal fünf Minuten? Ich müsste etwas mit dir besprechen.«

»Worum geht's denn?«, fragte Flo und drückte den Deckel wieder auf die Schachtel. »Warte. Ich komme mal rüber.«

Heute trug er Jeans und ein T-Shirt, das noch ganz war. Unter dem Halsausschnitt lugte ein Tattoo hervor. Ich rätselte, was es wohl sein mochte. Es sah wie ein Bein oder Tentakel aus. Krake? Seestern? Spinne? Flo ließ sich neben mir im Gras nieder und zündete sich eine Zigarette an. Dann fiel ihm seine gute Kinderstube ein, und er hielt mir das Päckchen hin. »Auch eine?«

Ich nickte. Ich bin nichtmilitante Nichtraucherin und paffe gelegentlich mit. Manchmal finde ich es beruhigend. Doch diesmal hoffte ich eher, dass der Rauch meine Zahnschmerzen betäuben würde. Nach zwei Zügen musste ich allerdings feststellen, dass das Gegenteil der Fall war.

»Ich habe ein Problem«, begann ich und legte die freie Hand an die Wange. »Mein Zahn. Ich glaube, es ist eine Wurzelentzündung. Trotz Tabletten werden die Schmerzen immer schlimmer. Mittlerweile kann ich auf der Seite überhaupt nicht mehr kauen.«

Flo kniff die Augen zusammen und sah mich durch den Rauch hindurch an. »Klingt übel.«

Ich nickte kleinlaut. Nun kam der schwierige Teil. »Nimmst du mich trotzdem in die Wüste mit?« Ich hatte die Frage noch nicht ganz gestellt, da kannte ich die Antwort schon.

Ohne lange zu überlegen, schüttelte er den Kopf. »Auf keinen Fall. In der Wüste können wir keine Invaliden gebrauchen.«

Ich schluckte. Das war deutlich. Das Mäuschen, das in mir wohnte, trat sofort den Rückzug an und wollte sich schon wieder in seinem gemütlichen Mauseloch verkriechen. Na gut, dann eben nicht. Doch plötzlich hörte ich mich sagen: »Ich will aber mit!«

»Aber nicht in diesem Zustand!«, erwiderte er ungerührt.

Dieser Ton. Das war keine Feststellung. Das war ein Verbot. Klipp und klar. Keine Diskussion. Ich spürte, wie meine Unterlippe zu zittern begann. Zur Tarnung zog ich an der Zigarette. Er sollte nicht merken, dass mich seine Bemerkung getroffen hatte. Nur nicht persönlich nehmen, sagte ich mir. Sicher meinte er es nicht so hart, wie es klang. Vermutlich verrohte man hier zwangsläufig ein wenig. Im Busch hatte man manchmal eben nicht genug Zeit, um lange zu fackeln. Höflich um etwas zu bitten oder Rücksicht auf die Gefühle anderer zu nehmen. Im Busch hieß es: Friss oder stirb.

»Und wenn ich nach Windhuk zum Arzt gehe?«, fragte ich. Ich dachte an die Tür mit dem weiten Land dahinter. Daran, dass ich viel zu lange für jeden anderen da gewesen war, nur nicht für mich. Dass dies die Zeit für Wünsche war. Wie stand ich denn vor der wilden Frau da, wenn ich mich jetzt wieder ins Bockshorn jagen ließ! Ausgeschlossen. Nun war ich schon so weit gekommen. Ich konnte nicht mehr zurück. Ich wollte nicht mehr zurück. Und deshalb war es plötzlich ganz einfach, den Aufstand zu proben. Es auszusprechen. »Ich lasse mir Antibiotika verschreiben. Damit bekomme ich die Entzündung in den Griff. Und dann fahre ich mit.«

Mir war nicht bewusst gewesen, welche Kraft in ein paar entschlossen geäußerten Worten steckt. Sie hörten sich überzeugend an. Ich jedenfalls glaubte mir sofort. Und ich sah, dass sie auch bei Flo ihre Wirkung nicht verfehlten. Vielleicht spürte er ja, dass er sich im Ton vergriffen hatte. Jedenfalls ruderte er zurück.

»Wenn es mit Antibiotika getan ist – klar. Wäre schon schön, wenn du mitkommen könntest.«

Ich sah ihn groß an. Hatte er gerade etwas Nettes gesagt? Verbarrikadierte sich dahinter vielleicht sogar ein Kompliment? Oder noch schlimmer: Gab er etwa zu, dass er mich mochte? Ich spulte im Geiste zurück und hörte mir noch einmal an, was Flo gerade von sich gegeben hatte. Tatsächlich … Es war ein Wunder. Eigentlich waren es sogar zwei: Ich hatte nachgehakt. Und er hatte mit einer Liebenswürdigkeit geantwortet. Auf einmal verstand ich etwas. Man verpasste einiges, wenn man nicht für sich selbst eintrat. Wenn man sich nicht für seine eigenen Wünsche stark machte. Wenn man sich nicht einmal das wert war. Man betrog sich selbst. Auch darum, stolz auf sich sein zu können.

Die Pavianbabys keckerten herüber, und Flo keckerte zurück. Ich sah ihn von der Seite an. Jetzt war er wieder der kleine Junge. Er hatte es nicht böse gemeint, das wusste ich, und es war auch nicht so, dass er mich nicht leiden konnte.

Er wäre jedenfalls nicht der Erste gewesen, der einen weichen Kern mit einer besonders rauen Schale schützte.

»Rudie fährt jeden Morgen ins Krankenhaus«, sagte Flo. »Er nimmt dich bestimmt mit.«

»Rudie?«

»Ja.« Flo nickte und drückte die Kippe im Gras aus. »Ich habe dir doch erzählt, dass er an einer Praxisklinik in Windhuk arbeitet. Dort bist du in guten Händen. Ich frage ihn, ob er morgen im Auto Platz für dich hat. Okay?«

Ich nickte. »Okay.« Mir dämmerte, dass die Wüste gerade wieder in greifbare Nähe gerückt war. »Danke.«

»Keine Ursache. Wir gehen einfach mal davon aus, dass alles glatt läuft und du nach NamibRand mitkommst.« Er lächelte aufmunternd. »Zwei Tage, bevor wir fahren, setzen wir uns alle zusammen, damit ihr wisst, was ihr einpacken müsst. Julie, Peter und Jessie kommen übrigens auch mit.«

»Ja, das habe ich schon gehört«, erwiderte ich. »Jessie ist witzig. Die anderen beiden kenne ich noch nicht besonders gut. Aber sie machen einen netten Eindruck.«

Flo lachte. »Ja, bei Jessie bleibt kein Auge trocken. Und Julie und Peter sind in Ordnung.«

Ich nickte wieder und schwieg. Da war noch etwas, das ich mit ihm besprechen musste. Ich zögerte. Mein inneres Mäuschen piepste, dass ich nicht gleich größenwahnsinnig werden dürfe. *Ein* Erfolgserlebnis am Tag reiche vollkommen für den Anfang. Andererseits – und das kam wohl eher von dieser neuen, fremden Stimme in meinem Bauch – sei ich doch gerade dabei, mich in Selbstverwirklichung zu üben, und könne ruhig noch ein bisschen weitermachen. Ich fand, dass beide recht hatten. Aber ich musste mich entscheiden. Was war mir wichtiger? Die Antwort fiel eindeutig aus. Jetzt oder nie. »Ich hab da noch eine Frage.«

»Wird das nicht langsam ein bisschen viel?« Flo grinste, als er mein irritiertes Gesicht sah. »Los. Sag schon.«

Ich fasste mir ein Herz. »Es geht um das Forschungsprojekt hier auf der Farm. Ich« – tief durchatmen – »würde so gern zu euch in die Gruppe kommen. Gemüse schnippeln kann ich ja jetzt.« Ich hielt meinen Zeigefinger mit dem verschorften Schnitt hoch und schickte ein Lächeln hinterher. Zur Sicherheit.

Flo wog zweifelnd den Kopf hin und her. »Das wird schwierig. Morgen reisen neue Volontäre an, die für die Forschung eingetragen sind. Die Gruppe ist eigentlich voll.«

»Ist denn da gar nichts zu machen?« Üben, üben, üben, feuerte ich mich im Stillen an. Es ging tatsächlich schon besser. »Ich möchte so gern mit euch ins Feld. Das interessiert mich viel mehr als die Farmarbeit. Ich bin doch wegen der Geparden hergekommen.«

»Wie gesagt: schwierig. Aber mal sehen, was sich machen lässt, okay?« Immerhin holte er nicht wieder zum Schlag mit dem Holzhammer aus. Der Mann lernte schnell. »Ich fände es ja auch sinnvoll, wenn du das

Handwerkszeug lernen würdest, bevor wir nach Namib-Rand fahren. Aber versprechen kann ich noch nichts.«

»Cool. Danke.« Die Schlacht war noch nicht geschlagen, aber es gab Anlass zur Hoffnung. Ich versprach mir, nicht lockerzulassen. Den Einsatz war es mir wert.

Flo wies mit dem Kinn auf die Affen. Troy jagte gerade die zeternde Sarafina kreuz und quer durch den Käfig. »Und wann bist du mit der Nachtschicht fällig?«

»In zwei Tagen.«

»Dann schon mal viel Vergnügen. Schlafen kannst du jedenfalls vergessen.«

Ich schenkte ihm ein strahlendes Lächeln. Und dann verriet ich Flo mein kleines *Lalelu*-Geheimnis.

Im Bett, nachts. Affensitting

Es ist wieder so weit. Vollmond. Gerade schaut er vorbei … Gut, dass wir keine Rollos haben. So kann er uns sehen. Und mir ein bisschen Licht schicken, wenn der Kleine wieder den Schnuller verliert.

Hereinspaziert, alter Mann! Was sagst du nun? Hättest du das gedacht? Ich bin jetzt Affenmama. Keine Rede mehr von Parasitenschleudern … Darf ich vorstellen: Das Bündel auf meinem Bauch heißt Bakkies. Er schläft so fest mit seinem Schnuller im Maul. Wovon er wohl träumt? Denn Paviane träumen doch sicher auch. Du ahnst nicht, wie schwierig das Wickeln war. Zuerst das Loch in die Windel gebohrt, für den Schwanz, musst du wissen. Er hat sich ein bisschen gewehrt, aber mit dem Fläschchen als Ablenkung ging es dann doch. Am Ende schlief er sogar schon fast.

Hauptsache, er ist nicht allein. Er braucht jemanden, der ihn beschützt. Dabei reicht es ihm nicht, mich zu riechen. Er muss mich spüren. Sonst tobt er. Am liebsten mag er offenbar meinen Bauch. Wie tot liegt er da und rührt sich nicht mehr. Siehst du, wie er sich in meinen Pyjama krallt? Lieber nicht loslassen, wird er sich denken. Er hat doch schon einmal eine Mutter verloren. Wen kümmert's, dass ich so nicht einschlafen kann. Ja, was soll's. Dann bleibe ich eben die ganze Zeit wach. Immerhin habe ich Gesellschaft, du bist ja hier. Wir staunen zusammen über diesen kleinen Affen. Über diesen großen Willen. Und schreiben für heute die Nacht in den Wind.

Hast du ihn gesehen, vorhin, in meinem Arm, als er so müde am Fläschchen nuckelte? Er hat mir an die Lippen gefasst, ganz wie ein zufriedenes Menschenbaby. Fast hätte ich vergessen, mich vor seinen schwarzen Fingern zu ekeln. Warum auch, allzu viel trennt uns schließlich nicht mehr. Nur ein paar Prozentpunkte Erbgut, nur einige Äste auf unserem Stammbaum. Wir sind beide Primaten. Mir kann keiner sagen, dass hinter diesen buschigen Brauen nicht etwas sitzt, das denkt und fühlt. Kommuniziert. Bei mir ist Nemos Botschaft jedenfalls angekommen. Hier, sieh mal, du kannst sie noch immer von meinem Arm ablesen …

Oder gestern zum Beispiel, als ich zum ersten Mal in den Käfig der Kleinen ging. Vorher hatte ich ihnen unser Lied vorgesungen. Ich wollte Troy, den Rädelsführer, milde stimmen. Kaum war ich im Gehege, da umklammerte Bakkies schon mein Bein, legte den Kopf in den Nacken und sah zu mir hoch. »Sie gehört mir«, hieß das wohl, denn er ließ mich nicht los. Dann ist er mir auf den Schoß gesprungen und dort eingeschlafen.

Kein Zweifel: Er hat sich mich ausgesucht. Ich wurde gar nicht gefragt. Es fühlt sich ein bisschen nach Ritterschlag an, nach Weihnachten und Ostern an einem Tag. Wer den Dickschädel von Pavianen kennt, wird es verstehen. Die anderen Kleinen störte das nicht. Sie hüpften lustig auf mir herum. Dabei ist es alles andere als lustig, wenn so ein Tier auf dir landet. Du kannst gar nichts tun. Außer stillhalten. Aushalten. Gelassenheit üben. Dich dem Affen ergeben. Und deinem Schicksal, was mehr oder weniger dasselbe ist. Ertrag es, denn wenn du dich wehrst, bekommst du höllischen Ärger. Eine interessante Erfahrung, fand ich, und gar nicht mal schlecht für einen Kontrollfreak wie mich. Bis es verräterisch warm wurde auf meiner Schulter. Nass. Na ja, woher sollen sie auch wissen, was »stubenrein« heißt? Das ist eben Afrika, sage ich mir. Schon wieder einmal …

Schau, jetzt regt er sich wieder. Hat den Schnuller verloren. Wird wach und zetert ein bisschen. Will, dass ich ihn suche. Pscht, sei leise, sonst weckst du die anderen noch auf. Leuchte mal her, Mond, hier muss das Ding irgendwo sein. Vielleicht ist Bakkies ersatzweise mit meinem Finger zufrieden. Er ist. Und hier kommt der Schnuller. Maul auf und schnell weitergeschlafen, du Irrwisch. Es ist noch lange nicht Morgen.

Alter Mann, bleib noch ein bisschen und lass dir erzählen. Wenn du wüsstest, was sich hier tut. Was ich hier tue. Ich kann plötzlich kämpfen. Ich mache keine Rückzieher mehr. Ich will all das hier, auch wenn es mich einiges kostet. Etwas passiert mit mir, und das will ich auch. Es ist anstrengend, dieses einfache Leben, aber es macht furchtbar zufrieden. Ich brauche kein Handy, Internet, Fernsehen. Keine Ablenkung von mir. Im Moment brauche ich nur eins: Zeit für mich. Platz. Raum. Und hier draußen im Busch ist genug davon da, ich kann mir von allem nehmen, so viel ich will. Ob du es glaubst oder nicht: Seitdem ich Ballast abwerfe, diese Zivilisationsdiät mache, fange ich an, mich wieder zu spüren. Mit jeder frostkalten Nacht, jedem Biss, jedem Kratzer komme ich mir näher. Und mit jedem Klopfen dieses dummen Zahns.

Da wir gerade dabei sind: Ich war gestern in Windhuk, in Rudies Klinik. Wie ich schon dachte – Wurzelentzündung. Nichts, was mich umbringt. Im Gegenteil, eher ein Segen: Ich habe gewagt, um Hilfe zu bitten. Jemandem Umstände zu machen. Früher hätte ich stumm vor mich hin gelitten. Nur keinem zur Last fallen – das war meine Devise. Aber jetzt ist das anders. Jetzt muss ich in die Wüste. Auf Biegen und Brechen. Mit Zähnen und Klauen. Etwas anderes interessiert mich nicht mehr. Ob das vielleicht Egoismus ist? Schon möglich. Dann will ich ab jetzt viel öfter so sein …

Denk dir, ich weiß plötzlich wieder, was wichtig ist: Arbeiten und sich Schwielen und Sonnenbrand holen. Wie ein Stein schlafen und wüst träumen. Sich von Affen tyrannisieren und beißen lassen. Tausend Dinge tun, die man eigentlich nicht will oder kann. Entdecken, dass die eigenen Grenzen längst keine mehr sind. Hingehen, wo man noch nie vorher war. Wenn's sein muss, sich eine blutige Nase holen. Ein bisschen jammern und klagen und dann das Mäuschen in sich in die Wüste schicken. Und all das, weil der Einsatz sich lohnt. Weil man weiß, wofür man es tut. Weil das Leben nun mal eine Baustelle ist.

Hörst du das? Dieses irre Gelächter? Das ist ein Schakal. Gestern, auf dem Weg in die Stadt, haben wir einen gesehen. Hübsche Tiere sind das. Fast wie unsere Füchse daheim. Ich saß vorn neben Rudie. Er ist nett und alles andere als ein romantischer Spinner. »Überflieger« trifft es schon besser: Arzt, Tierschützer und Pilot obendrein. Was kann dieser Mann eigentlich nicht? Wir haben über die Arbeit, die Tiere, das Auswildern gesprochen. Ein Satz von ihm ist mir im Ohr geblieben: »Es gibt nichts Schöneres, als einem wilden Tier die Freiheit wiederzugeben.« Was meinst du? Ob das wohl auch für Menschen gilt? Ich glaube schon. Ich fühle mich jedenfalls so: befreit. Von alten Zwängen und einer drückenden Last. Und alles ist plötzlich so federleicht.

Übrigens habe ich Flo bezirzt. Oder vielleicht eher genervt. Neuerdings weiß ich genau, was ich will, und lasse nicht locker, bis ich es bekomme. Also habe ich noch ein paar Mal gequengelt, er möge mich doch ins Forschungsteam lassen. Schluss mit der Farmarbeit, ich will hinaus in den Busch. Wie hat er selbst es genannt? Das Handwerkszeug für die Wüste lernen. Beim dritten Mal hat er dann Ja gesagt! Ich darf wirklich mit! Ich hätte ihn küssen können, aber das geht ja nicht. Ich habe mich damit begnügt, endlich wieder mal stolz auf mich zu sein.

Heute Morgen bin ich zum ersten Mal mit hinausgefahren. Die Pads, wie die Wege hier heißen, sind oft nicht mehr als bessere Pisten. Es rumpelt und klappert und quietscht erbärmlich, und es ist mir egal. Zu Hause wäre ich nicht so gelassen, aber hier kann ich nichts kontrollieren. Kann ich plötzlich vertrauen. Du ahnst ja nicht, wie entlastend das ist. Es schafft Platz im Kopf. Ich saß auf der Ladefläche und saugte den Busch in mich auf. Ein paar Warzenschweine preschten davon. Kuhantilopen und Oryxe ergriffen die Flucht. Und eine Riesentrappe flog von ihrem Baum vor uns auf. Es ist wie bei Grzimek, nur noch viel schöner. Kein Pyjama diesmal, sondern Trekkinghose. Kein Schwarzweißfernsehen, sondern Busch live und in Farbe. Und ich mittendrin statt nur dabei. Das war zum ersten Mal Afrika pur.

Noch purer wurde es, als wir zu Fuß weitergingen. Endlich laufen! Nur so bekommt man ein Gefühl für das Land. Sehen und hören und fühlen und riechen. Wenn man Pech hat, auch schmecken – sobald sich ein Insekt in den Mund verirrt. Ich weiß, du kennst diesen Himmel nur dunkel, doch tagsüber ist er stahlblau. Keine einzige Wolke. Die Luft ist so klar, die Berge stechen Löcher hinein. Du würdest es mögen, ich bin mir ganz sicher. Auch den Busch, der vor Trockenheit staubt. Lärmvögel rufen: »Go away, go away!« Wilder Thymian duftet wie in der Provence. Dornen zerren am T-Shirt, und in deine Socken bohren sich Buschgrassamen, die du dein Lebtag nie wieder loswirst.

Die Frischlingstaufe habe ich auch hinter mir. Flo grub für mich eine Buschmannzwiebel aus. Schälte sie umständlich. Den rohen Zwiebelsaft rieb er mir dann auf den Arm. Er hat sich wirklich viel Mühe gegeben. Angeblich eine kosmetische Wunderwaffe mit Anti-Aging-Effekt. Denkste. Es brennt wie Feuer. Und unser Witzbold vom Dienst hatte seinen Spaß daran. Die Sonne geht übrigens auf, wenn er lacht, habe ich das schon erwähnt? Man könnte fast auf dumme Gedanken kommen … Ja, ich weiß, du hast recht. Was soll das. Wenn ich Glück habe, ist er schon dreißig. Zu jung. Oder ich bin zu alt. Je nachdem, wie man's nimmt. Am besten schlage ich mir das gleich aus dem Kopf. Schluss, aus, vorbei, noch bevor etwas anfangen kann. Ich bin übermüdet. Nicht ganz zurechnungsfähig. Was kein Wunder ist nach einer schlaflosen Nacht mit einem Affen im Arm …

Guck mal, der Kleine wacht endgültig auf. Verweigert den Schnuller. Er hält wohl nicht mehr sehr lange still. Okay, die Nacht ist zu Ende. Er will Spaß. Ein bisschen toben. Das Zimmer verwüsten. Kunststück – er hat ja auch gut geschlafen. Im Gegensatz zu mir. Aber das war es mir wert. Wir gehen wohl besser ins Bad, um unter der Dusche sein Mütchen zu kühlen. Die Windel läuft ohnehin längst über. Am besten, du schaust es dir gar nicht erst an.

Ich sehe sowieso, du bist auch auf dem Sprung, es wird schließlich bald hell. Nur eine Frage noch: Macht all das Afrika mit mir? Oder bin das ich selbst? Nein, nicht ich selbst. Nicht die Person, die ich »ich« nenne, als »ich« kenne. Die andere ist es: diese Fremde in mir, diese wilde Frau. Die andere Barbara. Die, der sich plötzlich Türen öffnen …

Aber natürlich! Dass ich es jetzt erst begreife! Manchmal sieht man den Busch vor lauter Akazien nicht. Denn das ist es doch, was Barbara ursprünglich bedeutet. Auf Lateinisch. Genau das: die Fremde. Die Fremde in mir …

Sie war also immer schon da. Mein Leben lang. Unsichtbar, aber trotzdem ganz nah. All die Jahre hat sie auf ihre Stunde gewartet. Gedämmert. Geschlafen.

Aber jetzt ist sie wach.

Auf dem Sprung

Im Bad stemmte ich das Bein gegen die rückwärtige Wand der Kabine. Die Pyjamahose hatte ich bis übers Knie hochgekrempelt, damit sie nicht nass wurde. Nicht ich sollte duschen, sondern Bakkies. Er wusste nur noch nichts davon. Sein Misstrauen erwachte erst, als ich ihm die Windel auszog. Ich sparte mir den Blick darauf, ebenso wie auf meine Hose und das T-Shirt.

»Komm, mein Kleiner.« Ahnungsvoll klammerte er sich an mich. Doch ich war vorbereitet. Ich wusste nicht viel über Pavianbabys und hatte kurzerhand beschlossen, aus meinem Erfahrungsschatz mit Hunden zu schöpfen. Man muss ihnen mit Konsequenz und Durchsetzungsvermögen zeigen, wer der Rudelführer ist. Keine Diskussionen. Das ist das ganze Geheimnis. Ich zog den strampelnden kleinen Primaten von meiner Hüfte und legte ihn bäuchlings auf meinen eingestemmten Unterschenkel. Er zeterte ein wenig, aber dank des Klammerreflexes packte er mein Bein und wurde gleich darauf ruhig. Sein Blick blieb allerdings skeptisch.

Ich beugte mich vor, um den Warmwasserhahn aufzudrehen. Ich verzichtete darauf, die Temperatur zu prüfen. In all den Wochen auf der Farm war das Wasser jeden Morgen angenehm temperiert. Vor und auch nach diesem Tag … Aber nicht *an* diesem Tag.

Als der kalte Strahl ihn traf, verharrte Bakkies einen Augenblick in ungläubigem Entsetzen, so als könnte er es nicht fassen. Stumm riss er Augen und Maul auf, während das Fell an seinen schmalen Körper geklatscht wurde. Sein starrer Blick schien mich hypnotisieren zu wollen. Dann war die Schrecksekunde vorüber und der Affe wieder bei sich. Ein schriller Schrei ertönte. Noch bevor er verhallt war, stieß sich der Pavian von meinem Bein ab und sprang mir in seiner Not an die Brust. Und ich konnte nichts anderes tun, als ihn aufzufangen und in seiner nassen Umarmung zu baden.

Mit frostigen Fingern griff das schlechte Gewissen nach mir. Ich Rabenmutter! Hätte ich nicht aufpassen können? Bei meinem eigenen Kind wäre ich doch auch vorsichtiger gewesen. Ich warf einen prüfenden Blick auf Bakkies. Er sah aus wie ein begossener Pudel, aber es stand wohl nicht zu befürchten, dass seine kleine Affenseele Schaden genommen hatte. Ich drehte mich mit ihm von der Brause weg, streckte die freie Hand aus und hielt sie in den Wasserstrahl. Immer noch kalt. Unterdessen saugte mein T-Shirt alle möglichen Flüssigkeiten aus dem Pavianfell auf. Ich versuchte, nicht daran zu denken.

Nur langsam wurde das Wasser warm. Es war daher kein Wunder, dass Bakkies nur unter lautem Protest auf meinen Unterschenkel zurückkehrte. Während ich ihn mit Duschgel einseifte, begann ich zur Beruhigung *Lalelu* zu summen. Wir hatten es beide bitter nötig.

Als er so vor mir kauerte – ein frierender, schaumgekrönter und sehr unglücklicher kleiner Affe –, war es endgültig um mich geschehen. Aber wer hätte nach dieser Nacht auch nicht sein Herz an ihn verloren? Er hatte so viel Geduld mit mir gehabt, und auch jetzt, als ich ihn wieder und wieder abwusch, weil ich aus Versehen zu viel Duschgel genommen hatte, bewies er Haltung. Ich rechnete es ihm hoch an.

Irgendwann war sein Fell wieder seifenfrei. Ich drehte das Wasser ab, hüllte ihn in ein Handtuch und rubbelte ihn trocken. Er protestierte ein wenig, aber es musste sein. So früh am Morgen war es draußen noch sehr kühl, und ich wollte nicht, dass er sich erkältete. Ganz allmählich wurde so aus der missmutigen nassen Maus auf meinem Arm wieder ein kleiner Pavian. Und er nahm mir die kalte Dusche nicht allzu lange übel. Als ich ihn ein paar Minuten später in den Käfig zurückbrachte, wo bereits Lala und Kayla auf ihn warteten, turnte er jedenfalls schon wieder gut gelaunt auf meinem Kopf herum.

Nach dem Frühstück bestellte Flo uns zum Vorbereitungstreffen in die Lapa ein. Jessie, Julie, Peter und ich setzten uns gespannt um einen Tisch. Wir brannten alle darauf, in die Wüste zu fahren.

Julie und Peter kannte ich erst seit ein paar Tagen. Als ich sie kennenlernte, öffnete ich im Geiste eine Schublade voller Vorurteile, stopfte die beiden hinein und schloss sie wieder. Sie wirkten auf den ersten Blick wie das typische britische Ehepaar: ein wenig blass. Farblos. Betulich. Aber sie waren sehr freundlich und gingen unvoreingenommen auf jedermann zu. Später erzählte mir Julie, dass sie Marketingmanagerin eines internationalen Lebensmittelkonzerns gewesen war. Doch dann hatten sie und Peter ihre gut bezahlten Jobs an den Nagel gehängt, um neun Monate lang durch die Welt zu reisen. Die ersten sechs Wochen wollten sie auf der Farm bleiben und Flo bei der Forschung über die Schulter schauen. Es half nichts: Ich musste die Schublade wohl noch einmal öffnen und ein wenig entrümpeln.

Flo kam und ließ sich auf einen freien Stuhl fallen. Wie immer schien er in Eile zu sein. Auf dem Sprung. Aber wohin nur? Wieder einmal fragte ich mich, woher er all diese Energie nahm. Wahrscheinlich war des Rätsels Lösung dieser Vulkan, der in ihm brodelte. Sein kleines Kraftwerk.

Er lehnte sich zurück und strahlte uns an. »In zwei Tagen geht's los. Die Gruppe, die gerade in NamibRand ist, hat die Geparden schon zwei Mal gesichtet. Und sie hatten bisher jeden Tag Signalkontakt. Das heißt, sie wissen in etwa, wo die Miezen gerade sind. Die Chancen stehen gut, dass wir sie auch zu Gesicht bekommen.«

»Miezen«. Er hatte tatsächlich »Miezen« gesagt. Wir grinsten. Im Geiste sah ich mich schon Auge in Auge mit einem wilden Geparden. Aber es war keine Vorstellung, die mir Angst gemacht hätte. Soweit ich wusste, hatte noch nie ein gesunder Gepard einen Menschen angegriffen. Wobei man sich besser nicht allzu sehr darauf verließ. Ein Tier ist ein Tier und weiß nicht, was in Büchern geschrieben steht.

»Ihr solltet euch trotzdem nicht allzu große Hoffnungen machen, da eine Sichtung eher selten ist. Meistens bleibt es bei den Signalen. Manchmal sind sie sehr stark, und wir wissen, dass die Katzen ganz in der Nähe sein müssen, aber sie bleiben unsichtbar. Ihr werdet es ja selbst erleben – dort unten gibt's jede Menge Deckung. Du hörst am Signal, dass der Gepard nur ein paar hundert Meter von dir entfernt ist, du sitzt stundenlang an, und dann wandert das Signal aus. Und du hast gar nichts gesehen.«

»Wo schlafen wir eigentlich in der Wüste?«, wollte Jessie wissen.

»Halbwüste«, verbesserte sie Flo. »NamibRand besteht vorwiegend aus Savanne. Grasland. Es gibt Trockenflussbetten, Berge, Steine und hier und da eine Düne. Und jede Menge Platz.« Er lachte. »Aber keine Angst, wir haben es dort unten fast schon luxuriös. Wir wohnen in einem ehemaligen Farmhaus. Voll möbliert. Einen Kühlschrank bekommen wir auch bald. Unser Wasser beziehen wir aus einem Reservoir. Es liegt ein Stück oberhalb des Hauses. Duschen können wir auch, wir müssen nur erst Wasser im Donkey heiß machen.« Er sah meinen fragenden Blick. »Das ist eine Art Ofen. Er wird mit Holz befeuert. Die Wärme steigt auf und erhitzt das Wasser in einem Fass darüber, das dann durch eine Leitung ins Haus fließt. Peter, das wird deine Aufgabe sein. Du bist der Hüter des Feuers. Und der heißen Dusche.«

Peter lächelte und nickte. Seine Spitzmausaugen funkelten. Er schien kein Mann vieler Worte zu sein, aber ich hatte gesehen, dass er tatkräftig mit anpackte. Es passte gut zu seinem Südwesterhut, den er nur zum Essen und Schlafen abzunehmen schien.

»Das heißt, wir haben auch eine Toilette?«, fragte Jessie hoffnungsvoll und fügte gleich hinzu: »Unter Wüste oder Halbwüste, wie auch immer, stelle ich mir Wildnis vor. Jedenfalls keine Zivilisation. Und kein Klo.«

»Klar haben wir ein Klo. Was denkst du denn! Sogar eines mit Spülung. Es gibt nur einen Haken …« Flo warf einen Blick in die Runde, der nichts Gutes verhieß.

»Und der wäre?«, wollte ich wissen.

»Na ja …« Er ließ sich Zeit mit der Antwort. »Wir sind schließlich in der Halbwüste. Wir müssen Wasser sparen. Was im Klartext heißt: Beim kleinen Geschäft wird nicht gespült. Erst, wenn die Schüssel voll ist.«

»Haha«, machte ich lahm.

»Nix haha«, gab er zurück. »Das meine ich ernst.«

»Wirklich?«, meinte Julie.

»Wirklich.«

Nach kurzem Überlegen zuckte Jessie die Achseln. »Okay. Wir manschen in Essensresten rum. Wir zersäbeln Innereien. Wir wischen Pavianen den Hintern ab. Da werden wir wohl auch noch auf das Pipi der anderen pinkeln können. Unsere leichteste Übung. Solange es nicht stinkt …« Sie lachte ihr ansteckendes, kehliges Lachen.

Flo schüttelte den Kopf. »Es stinkt nicht, keine Sorge. Dafür ist die Luft zu trocken.«

Wir nahmen es gefasst auf. Jessie hatte recht. Es war nicht wichtig. Wichtig war, dass wir dort unten ein Dach über dem Kopf hatten, genug Lebensmittel und Wasser,

Ersatzreifen, Werkzeug, eine Absaugpumpe für Schlangenbisse und ein Funkgerät. Dass wir draußen im Feld Flos Anweisungen befolgten. Dass wir nie vergaßen, wachsam und vorsichtig zu sein. Persönliche Empfindlichkeiten waren nicht von Belang. Seltsamerweise hatte ich den Eindruck, dass mich diese Konzentration auf das Wesentliche eher gelassener machte. Es gab weniger Handlungsspielraum: Die Dinge mussten erledigt werden, und zwar so und nicht anders. Man musste nicht lange grübeln. Wo man sich sonst mit seinen eigenen Zimperlichkeiten aufhielt, sich selbst ausbremste durch Allüren und Launen, wurden nun plötzlich Kräfte und Kapazitäten frei. Man hatte mehr Platz zum Denken. Zum Spüren. Mehr Platz für sich.

Ich dachte an das weite Land hinter jener Tür, die sich geöffnet hatte. Eine warme Welle schwappte durch meinen Bauch. Es fühlte sich an, als wäre ich verliebt. Welch ein Glück, all das hier haben zu dürfen. Zu merken, was wichtig war und was nicht. Wo meine Grenzen lagen. Ich war auf der Farm schon oft an meine Grenzen gelangt. Um dann herauszufinden, dass es gar keine Grenzen waren. Jedenfalls nicht meine. Ich hatte immer noch weiter gekonnt. Einen Schritt und noch einen Schritt und noch einen. Meine wirklichen Grenzen waren bisher noch nicht einmal in Sichtweite gekommen. Ich hatte keine Ahnung, wo sie lagen.

Es war gut, das von mir zu wissen – von ihr zu wissen: der wilden Frau, die all die Jahre unerkannt in mir geschlummert hatte. Offenbar hatte sie Zutrauen zu sich, zu ihrer eigenen Stärke. Sie machte sich keine feste Vorstellung davon, wie die Dinge zu sein hatten. Sie wusste nur, dass man den Busch nicht zwingen konnte. Man musste mit dem Strom schwimmen und sehen, wohin er einen trug, ans Ufer klettern und sich seinen Weg neu suchen. Immer wieder, manchmal jeden Tag. Sie hatte gelernt: Das ist eben Afrika. Heulsusen und Miesepeter kamen besser gar nicht erst her. Flüchtig dachte ich daran, dass ich mich noch vor nicht allzu langer Zeit im Selbstmitleid gewälzt hatte. Es war, als wäre seither ein halbes Leben vergangen. Befremdet und ein bisschen verächtlich sah ich auf diese Frau, die an so vielen Nebensächlichkeiten Anstoß genommen hatte. Dieses Mäuschen! Hätte sie nur damals schon gewusst, was ich nun wusste …

Flo war längst zum nächsten Tagesordnungspunkt übergegangen. »Kommen wir zum Gepäck. Eine Reisetasche pro Person, nicht mehr. Wir haben nicht viel Platz im Truck, die Vorräte müssen auch noch mit. Packt nur das Allernötigste ein. Für acht Tage reichen drei Garnituren. Oder zwei.«

»Drei«, sagten Julie, Jessie und ich wie aus einem Munde.

Peter und Flo warfen sich einen verständnisinnigen Blick zu.

»Wie ihr wollt. Aber, Leute …« – hier wurde Flo wieder streng, und man sah förmlich, wie er innerlich den Zeigefinger auspackte – »keine grellen Farben. Wir tracken Geparden. Das heißt, sie sollten uns möglichst nicht sehen, bevor wir sie gesehen haben. Also nur gedeckte Farben: Beige, Khaki, Grün, Braun. Kein Weiß. Kein Rot. Und alles andere dazwischen auch nicht. Habt ihr mich verstanden?«

Wir nickten folgsam.

Jessie sagte: »Mein Rucksack ist ein bisschen orange. Nur ein bisschen.«

»Kein Orange. Auch nicht ein bisschen.«

»Ich habe einen zweiten dabei«, warf ich ein. »Den kannst du haben.«

»Was macht eigentlich dein Zahn?«, wandte sich Flo an mich.

Ich lächelte ihn an wie ein Schulkind, das eine Eins mit nach Hause bringt. »Alles in Ordnung. Die Antibiotika wirken schon. Die Schmerzen sind weg. Rudie hat grünes Licht gegeben. Ich kann mitfahren.«

»Wenn Rudie das sagt …« Ich wusste nicht genau, warum, aber ich hatte das undeutliche Gefühl, dass Flo sich freute. Vielleicht lag es daran, dass er ausnahmsweise mal nicht lachte. Mich traf ein Blick aus blauen Augen, der sich in meinen zu bohren schien. Ich fühlte mich geröntgt bis auf die Knochen. Es dauerte eine Sekunde. Eine halbe Ewigkeit. »Schön.«

Dann schauten wir beide weg.

»Da ist noch etwas«, nahm Flo den Faden wieder auf. »Ihr wisst ja, dass uns vor kurzem bei Kolkdamm ein Leopard in die Falle gegangen ist. Er heißt Kolki.« Flo lachte. »Originell, was? Na, jedenfalls habt ihr Glück. Das Funkhalsband ist eingetroffen. Und die Genehmigung von der Regierung. Er fährt mit. Ihr werdet dabei sein, wenn wir unseren ersten Leoparden auswildern.«

Die frohe Botschaft verfehlte ihre Wirkung nicht. Wir redeten alle aufgeregt durcheinander.

»Klasse!«

»Ich dachte, er ist erst nächste Woche dran?«

»Wirklich? Das ist genial!«

»Und wie machen wir das?«

Flo hob die Hand. »Punkt eins: Ihr macht gar nichts – außer einen möglichst großen Bogen um den Trailer mit dem Käfig. Die Reise wird anstrengend genug für Kolki. Ich will keinen von euch in seiner Nähe sehen. Weder hier auf der Farm noch an der Tankstelle noch unten in NamibRand. Ich bin der Einzige, der sich um ihn kümmert. Ihr lasst ihn in Ruhe. Ist das klar? Punkt zwei: Lärm, lautes Reden und Lachen sind ebenfalls tabu. Punkt drei: Wer sich nicht daran hält, wird einen Kopf kürzer gemacht.«

Ich grinste in mich hinein. Da war er wieder. Der kernige Naturbursche mit dem rauen Umgangston. Das Alphatier, das ab und zu die Zähne zeigen musste. Wir kannten unseren Flo mittlerweile gut genug, um zu wissen, wie es gemeint war. Hart, aber herzlich. Und immer wenn Flo besonders laut knurrte, ging es um unsere Sicherheit. Ich vertraute ihm blind. Was ich ebenso selbstverständlich wie beunruhigend fand.

»Okay.« Er nickte und holte ein zerknittertes Zigarettenpäckchen aus seiner Hosentasche. Er schien zum Ende kommen zu wollen. »Wenn es etwas Neues gibt,

Ein Gepard wie Aiko lockte mich mitten in der Nacht nach Namibia.

Fern jeder Gutsherrenromantik: die Volontärsunterkünfte auf der Farm.

Schlachtfest: Die Buschmänner zerwirken ein totes Pferd. Anschließend zerteilen die Volontäre die Fleischstücke in raubtiermaulgerechte »Happen«.

Ein Gepard ist in die Falle gegangen. Sie ist so gebaut, dass Pfoten und Schwanz beim Fallen des Gitters nicht verletzt werden.

Volontäre assistieren, während der betäubte Gepard untersucht und vermessen wird. Dann erhält er das Sendehalsband und wird wieder freigelassen.

What's
monkey

Linke Seite: Ein kleiner Pavian bekommt sein Fläschchen. Es wird aus heißem Wasser, Säuglingsmilchpulver und Nährstoffen angerührt.
Oben: Mitten in NamibRand steht das einstige Farmhaus Gorrasis.

Auf der Suche nach den ausgewilderten Raubkatzen wird immer wieder Peilung genommen.

Leopardentrittsiegel wie aus dem Bilderbuch.

In NamibRand bewegt man sich auf Sand- und Schotterpisten fort.

Steppenzebras bevölkern vor allem den nördlichen Teil von NamibRand.

Ein neugieriger Blick vom sicheren Bau aus: Erdhörnchenmann und -frau.

Linke Seite: Wüstenluchse oder Karakale sind im Buschgras gut getarnt.
Oben: Mit ihrem kräftigen Gebiss zerreißen Afrikanische Wildhunde ihre Beute bei lebendigem Leibe; einen Tötungsbiss kennen sie nicht.

Diesen Springbock haben Geparden gerissen.

Wenn die Schatten länger werden: Dünen am späten Nachmittag.

Ein Tag neigt sich dem Ende entgegen.

Oryx im Morgenlicht.

Oxidiertes Eisen lässt den Sand der Namib so rot leuchten.

Auch ein Löwe ist mal müde.

Oft hat es den Anschein, als würden Paviane nachdenken. Wer weiß ...

Wie weit dieses Land ist, zeigt sich beim Blick zurück auf den Jeep.

Unten: Vor der sengenden Mittagssonne sucht alles, was zwei oder mehr Beine hat, Schutz im Schatten der wenigen Bäume.
Rechte Seite: Ein Kapfuchs vor seinem Bau.

Die Sonne geht in einem Farbfeuerwerk über Namibia unter.

erfahrt ihr es rechtzeitig. Lasst mich mal überlegen, was ihr sonst noch wissen müsst … Wir haben keinen Strom im Haus, dafür aber Kerzen und Petroleumlampen. Ihr solltet also dafür sorgen, dass sämtliche Kameraakkus aufgeladen sind – und alle anderen elektronischen Geräte auch. Die Handys könnt ihr eigentlich gleich hier lassen. Dort unten sind wir zwei Stunden vom nächsten Netz entfernt. Und wer unbedingt Alkohol oder Süßigkeiten braucht, fährt am Sonntag mit dem Shuttlebus nach Windhuk. Oder ihr kauft in der Tankstelle ein, an der wir noch mal halten. Bevor's ab ins Nirgendwo geht.«

Ab ins Nirgendwo … Wie das klang! Nach Weite und gottloser Verlassenheit. Nach Raubkatzen und Wüste. Und nach Abenteuer. Ich spürte, wie meine Kopfhaut vor Spannung zu kribbeln begann. Wieder diese unbändige Neugier. Diese Lust auf das Unbekannte. Und nicht einmal ein Hauch von Angst. Flo würde auf uns aufpassen, auf ihn konnte ich mich verlassen. Aber konnte ich mich auch auf mich verlassen? Wäre ich dort unten noch immer die, die ich hier geworden war, oder würde die wilde Frau schon beim ersten Härtetest einknicken? Ich schob den Gedanken daran beiseite. Nicht, weil ich ihn nicht zu Ende denken wollte, sondern weil es gar keine Frage war. Diese Fremde in mir musste sich ihrer Sache wirklich sehr sicher sein.

Flo klopfte mit der Zigarettenpackung auf den Tisch. »Gut, das war's für den Augenblick. Und jetzt an die Arbeit. Jessie, du gehst zurück zu deiner Gruppe. Peter, du und die Volontäre, die nicht mitfahren, kommt mit mir.

Wir müssen den Käfig für Kolki vorbereiten. Und für euch zwei Mädels habe ich etwas ganz Besonderes.« Als er Julie und mich anlachte, hoben sich seine blendend weißen Zähne wie eine Leuchtreklame gegen das tiefbraune Gesicht ab. »Büroarbeit. Eine Menge Daten müssen eingepflegt werden.« Sein Grinsen wurde noch breiter, und er zuckte unschuldig die Achseln. »Irgendwann trifft es jeden.«

Peter ging, um die beiden neuen Volontäre, Anna und Kevin, zu holen. Sie würden in der nächsten Woche mit Cila, Flos Kollegin, die ich noch nicht kannte, und weiteren Neuankömmlingen die Forschungsarbeit auf der Farm weiterführen. Ich war alles andere als unglücklich über Flos Arbeitsverteilung. Tatsächlich saß ich lieber vor endlosen Zahlenkolonnen am Rechner, als den Käfig zu schrubben und schon wieder Buschgras für die Streu zu schneiden.

Flo drückte uns einen Stapel Datenblätter in die Hand, auf denen sämtliche Spur- und Wildsichtungen der letzten Wochen dokumentiert waren. Die Daten erlaubten Rückschlüsse auf Streifgebiete von Geparden, Leoparden und ihren Beutetieren und waren für die Forschung und Auswilderung von großer Bedeutung. Und Julie und ich erwiesen uns als gutes Team: Sie tippte, ich diktierte. Wir wollten vor dem Mittagessen noch die Wüstenluchse besuchen und trödelten nicht lange herum. Zügig wanderte ein Datenblatt nach dem anderen in die Ablage, und nach eineinhalb Stunden waren wir fertig.

Wir gingen zu Fuß zu Rudies und Marlices Villa hinüber, die etwas abseits der Volontärs- und Personalunterkünfte steht. Die vier Wüstenluchse waren mit der Flasche aufgezogen worden. Mittlerweile lebten sie im Busch rund um das große, ebenerdige Haus und hatten angefangen, selbst zu jagen. Doch sie waren noch immer handzahm.

»Prrrt, prrrt«, lockten wir schon von weitem. »Prrrt, prrrt.«

Wir blieben im Hof stehen und warteten. Noch während wir unseren Ruf wiederholten, sah ich, wie sich das Buschgras teilte. Zunächst war nichts zu erkennen bis auf zwei lange dunkle Haarpinsel, die steil in die Höhe ragten. Darunter kam ein sphinxartiges Gesicht zum Vorschein, das fast dieselbe Farbe wie das Buschgras hatte. Mit den schwarzen Markierungen über den Augen, entlang der Nase und zu beiden Seiten des Mauls erinnerte es an einen nordamerikanischen Puma. Doch als die Katze nun auf den kiesbedeckten Hof trat, war zu erkennen, dass es sich bestenfalls um eine afrikanische Miniaturausgabe handelte. Das Tier reichte mir nicht einmal bis zum Knie.

Mit gespitzten Ohrpinseln kam der Wüstenluchs näher. Spätestens jetzt war nicht mehr zu übersehen, warum dieser kleine Räuber auch Karakal, »Schwarzohr«, genannt wird. Seine Gefährten tauchten nun ebenfalls auf und liefen von allen Seiten auf uns zu; ob in der Hoffnung auf Futter oder aus Neugier, ließ sich nicht sagen. Einer nach dem anderen strichen sie uns um die Beine und ertrugen flüchtig unsere Zudringlichkeiten, nur um sich uns hoheitsvoll wieder zu entwinden, wenn wir gar zu lästig wurden.

Ich fand einen löchrigen Lumpen irgendwo im Buschgras und wedelte damit vor der Nase des größten Karakals herum. Sofort erwachte sein Jagdinstinkt, und er stürzte sich darauf wie auf eine Maus. Da ich nicht daran dachte loszulassen, war sofort ein erbittertes Tauziehen um den alten Fetzen im Gange. Ich spürte die Kraft am anderen Ende, und ein grollendes Knurren sagte mir, dass es die Kraft eines Raubtiers war. In diesem Augenblick hätte ich seinen Zähnen nicht zu nahe kommen wollen. Den Wüstenluchs kümmerte meine Größe und seine Unterlegenheit nicht, ihn kümmerte gar nichts – bis auf den Lumpen, den er unbedingt haben wollte. Haben musste. Und gerade das machte ihn gefährlich.

Auch wenn ich es noch manchmal vergaß: Die Farm war kein Streichelzoo, und dies war keine putzige Katze, sondern ein wildes Tier. Seine Zähne und Krallen konnten kleine Antilopen schlagen. Sie hatten meinen Respekt verdient. Ich beschloss, es mir für die Wüste zu merken: nie den Respekt zu verlieren, gleichgültig, wie sicher ich mich fühlen mochte. Dann ließ ich den Stofffetzen los. Der Karakal war mit seinem Sieg hochzufrieden und schüttelte seine Beute noch ein paar Mal, bis sie mausetot war.

Flo verkürzte uns die Zeit bis zur Abreise, indem er uns mit Arbeit überhäufte. So schrieben wir an einem einzigen Tag ein kleines Buch für die Buschmannkinder auf der Farm. Sie wachsen nicht mehr wie ihre Vorfahren draußen in der Wildnis auf, da sich die Zivilisation immer tiefer in den einstigen Busch frisst. In dieser Welt spielt das Wissen über die Natur, das sich die San über viele Generationen hinweg erworben haben, keine Rolle mehr und gerät zusehends in Vergessenheit. Stattdessen werden die Kinder jetzt von den Vorurteilen der Weißen beeinflusst, nach denen alle Geparden und Leoparden Vieh reißen und darum »böse« sind. Unser kleines Buch sollte mit diesen Feindbildern aufräumen und den Kindern spielerisch eine andere Sichtweise vermitteln.

Als wir morgens hörten, dass wir dafür nur einen Tag Zeit hatten, lächelten wir milde – um dann abends überrascht festzustellen, dass wir tatsächlich fast fertig geworden waren. Wie anders sich doch Zeit in Afrika anfühlte, dachte ich wieder einmal. Während man in Europa erst gar keine hatte, war Zeit hier eine unglaublich dichte Größe. Es schien viel mehr Erlebtes hineinzupassen – so als würde dieser riesige, dunkle Kontinent jeglichen Begriff ad absurdum führen wollen, den sich unsere westliche Welt von Zeit und Raum gemacht hatte.

Am letzten Nachmittag vor der Abfahrt stand Wildzählung auf dem Programm. Natürlich konnten wir nicht an einem Tag die dreitausend Hektar der Farm abfahren, daher wählte Flo einen geeigneten Sektor aus. Während Peter vorn in der Kabine Platz nahm, bezogen wir Frauen mit Gogga oben auf dem Jeepdach unseren Posten. Wieder einmal staunte ich über Julie. Wer sie nicht kannte und nur nach ihrem Äußeren beurteilte, hätte ihr diese Wendigkeit niemals zugetraut. Ich schämte mich ein bisschen, weil ich sie so voreilig in der Schublade »langweilig« abgelegt hatte.

Zunächst folgten wir dem Fahrweg, der am Zaun entlang führte. Es ging nur langsam vorwärts, denn die Unterspülungen der Regenzeit hatten die Erde in der Sonne zementhart ausgebacken, sodass der Weg teilweise nur im Schritttempo passierbar war. Bessy, unser wackerer Jeep, schwankte hin und her, was auch uns oben auf dem Dach ein ums andere Mal aus dem Gleichgewicht brachte. Wir hielten uns an den Aufbauten fest und lachten. Noch.

Nach etwa einer halben Stunde hielt Flo plötzlich an. Wir wechselten fragende Blicke. Gogga, der neben mir saß, grinste.

Dann war Flo auch schon ausgestiegen und schwenkte eine Bierflasche: »Bessy hat die Schnapszahlmarke geknackt. 222 222 Kilometer. Hoch die Tassen!«

Meine Kehle war knochentrocken; während der Fahrt auf dem Dach hatte man keine Hand für die Wasserflasche frei. Ich leckte mir erwartungsvoll über die Lippen. Umso größer war mein Entsetzen, als ich mit ansehen musste, wie Flo die Flasche öffnete und über die Kühlerhaube hielt. Und es dann tat. Wirklich und wahrhaftig. Er verspritzte das kostbare Bier darüber. Dreihundertdreißig Milliliter feinstes, gekühltes Windhoek Lager. Verschwendet an einen Jeep, der es nicht zu schätzen wusste. Im Gegensatz zu uns. Ich schluckte und griff nach meiner Wasserflasche.

Als Bessy schon wieder fuhr, fiel mir der Grund für diese himmelschreiende Vergeudung ein: Den Buschmännern auf der Farm war der Genuss von Alkohol strengstens verboten. Wer sich nicht daran hielt, musste seine Sachen packen, ohne Pardon und Ausnahme. Das Bier vor Gogga zu trinken, ohne ihm etwas davon abzugeben, wäre ebenso wenig in Frage gekommen; auch wenn wir uns kaum miteinander verständigen konnten, gehörte er doch zum Team wie jeder andere von uns. Mit einem Mal gönnte ich Bessy das dumme Bier und war wieder mit Flo versöhnt.

Wenig später gelangten wir an ein Trockenflussbett, das inmitten eines Gehölzes aus Dornbüschen und Akazien lag. Aufgewühlter Sand, abgebrochene Äste und angeschwemmtes Treibholz zeugten von der Gewalt der Wasserfluten, die sich hier entlanggewälzt hatten und längst schon wieder im Boden versickert waren. Zum Flussbett hin fiel die Pad steil ab. Die Fahrspur war ausgewaschen, und tiefe Schlaglöcher erschwerten das Vorwärtskommen zusätzlich.

Flo arbeitete sich zentimeterweise voran, denn jedes falsche Manöver hätte einen Achsenbruch zur Folge haben können. Doch mit jedem Zentimeter nahm auch das Gefälle zu. Bessys Nase neigte sich immer weiter nach unten. Hatten wir oben auf dem Dach diese Zitterpartie zunächst noch als Spaß betrachtet, so verging uns allmählich das Lachen. Immerhin saßen wir gut zwei Meter über dem Erdboden, und es wurde von Sekunde zu Sekunde schwieriger, der Schwerkraft zu trotzen. Wir hatten alle Hände voll zu tun, um oben zu bleiben. Klammerten uns mühsam an den Metallverstrebungen fest und lehnten uns zurück, um den Schwerpunkt möglichst weit nach hinten zu verlagern. Wie das Kaninchen vor der Schlange starrten wir auf den Weg vor uns. Oder auf das, was davon übrig geblieben war.

Mit einem Seitenblick stellte ich fest, dass die Dornen an den Büschen zu beiden Seiten der Pad gut und gern einen halben Finger lang waren. Nur nicht daran denken, was wäre, wenn … Und dann passierte es. Als hätte ich es herbeigedacht. Bessy geriet mit dem rechten Vorderrad ins Rutschen; die Spurrinne war hier komplett fortgespült. Der Reifen drehte durch. Zugleich begann der Jeep nach rechts zu kippen. Langsam, wie in Zeitlupe, was es für uns noch bedrohlicher machte, denn so hatten wir mehr Zeit zum Ahnen. Zum Vorstellen und Ausmalen.

Dann kam die Angst. Ich registrierte sie wie ein unbeteiligter Beobachter, während sie mir ihre Faust in den Magen rammte. Es war merkwürdig, zugleich in und außerhalb von mir zu sein. Wir schrien auf; sogar Gogga erlaubte sich einen Schreckenslaut. Flo bremste, und Bessy kam zum Stehen. Doch sie kippte weiter. Ich sah mir die Dornen zur Rechten entgegenwachsen. Krallte mich fest, bis die Knöchel meiner Hände weiß hervortraten. Nicht fallen. Nur nicht fallen. Mit aller Macht stemmte ich die Füße gegen die Aufbauten und widersetzte mich dem Sog, der mich nach unten zog. Da fing sich Bessy. Mitten in der Bewegung schien sie es sich anders überlegen zu wollen. Es war, als verschnaufte sie kurz, während sie in Schräglage zwischen den Dornen schwebte. Zwischen diesem Augenblick und dem nächsten.

Jeepdach, fünf Minuten vor zwölf. Die Angst im Nacken

Wenn ich Angst habe, werde ich immer ganz still. Niemand soll sehen, wie ich innerlich erstarre. Wie mir heißkalt wird. Wie mein Puls tobt. Ruhig, lautlos stürze ich in ein schwarzes Loch tief in mir. Stelle mich tot. Besser nichts tun als panisch das Falsche.

Ewigkeit, so lang wie ein Atemzug. Gedanken gewittern: Lass uns nicht fallen. Nicht aus dieser Höhe. Nicht in diese Dornen. Bessy, bleib standhaft. Denk an das Bier …

Wie schnell die Angst kommt. Eben haben wir doch noch gelacht. Und jetzt wühlt sich ihre Faust schon in meinen Bauch. Dreht mir geübt den Magen um. Ich warte auf das, was geschieht – was auch immer es ist. Hilf, Himmel, dass wir nicht kippen. Wir können nichts tun, nur wünschen und hoffen. Loslassen. Und festhalten.

Flo gibt wieder Gas. Kein Laut von ihm. Kein Lachen. Kein Spaß. Diesmal nicht, das hier ist ernst. Die Verantwortung wiegt schwer. So schwer wie zwei Menschen in der Kabine und drei auf dem Dach. Wir fünf müssen hier durch. Durch die Dornen. Die Furt. Und die Angst. Unser Schweigen verrät uns. Kein Gedanke an gestern. An morgen. Jeder ist hier, in diesem Moment. Bei sich. Und noch nie waren wir uns alle darin so nah.

Und Bessy gehorcht. Sie gehorcht! Findet Grund. Die Räder greifen. Und rollen. Noch immer festklammern und stoßbeten und starren auf den Weg. Kein Blick für die Dornen, die sich spitz nach uns strecken. Es geschieht, was geschieht, ich muss es nicht auch noch kommen sehen. Doch wir kippen nicht weiter. Wir halten die Stellung …

Bessy richtet sich auf. Langsam, streitbar, eine alte Dame. Gestrauchelt, gestolpert, aber nicht gefallen. Sie ist zäh. Sie kennt ein paar Tricks. So schnell wirft sie nichts um. Flo tastet sich weiter voran durch die Furt. Die Angst wird kleiner. Sie nimmt ihre Faust aus meinem Bauch. Vielleicht wird sie anderswo mehr gebraucht. Die Muskeln entspannen, das Blut schießt zurück in die Fingerknöchel. Herz und Puls kehren zu einem maßvolleren Takt zurück. Und ich hole erst einmal ganz tief Luft.

Geschafft. Wir sind durch. Hier drüben ist das Ufer um einiges flacher. Ein Klacks für Bessy. Mühelos nimmt sie die Steigung. Findet die Fahrspur. Sicher, als wäre es nie anders gewesen. Plötzlich, wie auf Kommando, müssen wir lachen. Die Angst wegplappern. Sie hat hier nichts mehr zu suchen. Es ist vorbei. Und wir leben noch.

Ich klopfe aufs Dach. Das gilt dem Fahrer. Wir haben Bessy zu früh getauft. Die Hälfte der Flasche hätte ihm gebührt.

Sobald wir das Trockenflussbett hinter uns gelassen hatten, war die Angst verflogen. Sie hatte nur ein wenig die Muskeln spielen lassen. Zum Spaß, zum Zeitvertreib, als Lektion. Eines bläute uns Afrika jeden Tag ein, immer und immer wieder: Sieh weder zurück noch weit voraus an den Horizont. Schau auf den Boden zu deinen Füßen. Sei hier und jetzt, in diesem Augenblick, sonst wird er dich fressen …

Ein paar Minuten später dachten wir schon nicht mehr an den Vorfall. Schließlich waren wir hier, um Wild zu zählen, und mussten auf alles achten, was sich uns zeigte. An diesem Tag waren es hauptsächlich Gemsböcke, Kudus und Warzenschweine. Goggas Adlerauge entdeckte sogar die alte Haut einer schwarzen Mamba hoch oben in den Ästen eines Kameldorns. Ich fragte mich, wie sie dorthin gekommen sein mochte.

Erst später, zurück auf der Farm, fiel mir meine Angst wieder ein. Jessie und ich waren im letzten Abendlicht zu den Geparden gegangen, um uns zu verabschieden. Vor uns lagen acht Tage Halbwüste. Acht Tage ohne unsere Katzen. Weit und breit keine Spur von Kiki und Aisha; nur Aiko kündigte sich schon von weitem durch lautes Schnurren an.

Wir trafen uns am Gatter. Ich streckte die Hand zwischen den Eisenstäben hindurch und legte sie ihm auf den Kopf. Wie immer wurde ich ganz ruhig in seiner Gegenwart. Bei diesem Tier fühlte ich mich beschützt und aufgehoben. Hier stand ich, lebendig und glücklich und voller Frieden. Ich spürte den Kater und eine große, freundliche Welt um uns herum.

Wie fern mir die Angst von heute Nachmittag schon war. Nur noch der Schatten eines vergangenen Gefühls. Plötzlich konnte ich dieser Angst sogar dankbar sein. Sie machte vorsichtig. Aber auch mutig, wenn man nicht vor ihr davonlief. Stolz, sie ausgehalten zu haben. Und stark, weil man selbst dabei größer wurde – und nicht sie.

Aiko begann meine Hand abzulecken, mit aller Hingabe, die ihm zu Gebote stand. Schmirgelpeeling zum

Zweiten. Da wurde mir noch etwas klar: Nicht der Busch hatte mich das Fürchten gelehrt. Oder ein Tier. Sondern ein Auto.

Ein Ellbogen wurde mir sanft in die Rippen geschoben. Neben mir flüsterte es leise: »Darf ich jetzt auch mal?«

Weites Land

Ich erfuhr es beim Abendessen. Julie und Peter waren noch einmal im Büro gewesen, um ein paar Daten einzugeben. Bei dieser Gelegenheit hatte Flo es ihnen gesagt.

»Sie haben wieder einmal kurzfristig den Plan geändert«, erzählte Julie. Irgendetwas an ihrem matten Lächeln gefiel mir nicht.

»Inwiefern?«, erkundigte sich Jessie.

»Der Leopard wird erst nächste Woche ausgewildert«, antwortete Peter. »Ich weiß nicht, warum. Bürokratische Hürden, glaube ich. Bis dahin soll er weiter hier versorgt werden. Sprich: von Flo. Was heißt, dass Flo morgen nicht nach NamibRand mitkommen wird.«

Ich verschluckte mich beinahe an meiner Nudel. »Wie bitte?«, fragte ich, als ich wieder sprechen konnte.

Julie nickte. »Ja, leider. Aber keine Sorge, wir fahren trotzdem. Mit Cila.«

Zur Tarnung griff ich nach meinem Weinglas und trank. Na, dann Prost.

»Schade.« Jessie schnitt eine Grimasse. »Flo ist so ein lustiger Kerl. Mit ihm hätten wir sicher viel Spaß gehabt.«

»Das stimmt schon. Aber Cila ist auch okay.« Die gute Julie. Sie war immer so fair. »Wir haben ein paar Mal mit ihr zu tun gehabt. Sie lacht jedenfalls oft.«

»Und laut«, ergänzte Peter vielsagend.

Ich hätte mir lieber die Zunge abgebissen, als es zuzugeben, aber ich war maßlos enttäuscht. Ich hatte mich so darauf gefreut, mit Flo in die Wüste zu fahren; ein bisschen zu sehr vielleicht. Und wer war überhaupt Cila? Ich überlegte fieberhaft, welche Lektion ich nun wieder lernen sollte, und gab mir die Antwort gleich selbst: noch spontaner zu werden. Flexibler. Pläne jederzeit einstampfen und neue schmieden zu können. Nicht zu sehr an den Dingen zu hängen. Oder den Menschen. Denn erstens kommt es anders und zweitens, als man denkt.

Okay, dachte ich. Okay. Das Schicksal wollte ein Chamäleon. Und es bekam ein Chamäleon! Ich konnte mich wahrlich anpassen, nichts leichter als das. Schließlich hatte ich das in den letzten Wochen täglich geübt. Im Grunde änderte sich ohnehin nicht viel. Es ging noch immer in die Wüste. Das war das Einzige, was zählte. Dort musste ich hin. Ob mit Flo, Cila oder jemand anderem, spielte keine große Rolle. Dafür war ich schließlich nach Windhuk zum Zahnarzt gefahren.

Ich stocherte in meinen Nudeln herum. Es wurde Zeit. Zeit für neue Erfahrungen. Zeit, der Farm für eine Weile den Rücken zu kehren. Von Tag zu Tag reisten mehr Volontäre an, und schon jetzt summte die Lapa wie ein Bienenstock. Ich konnte mit diesen Massen nichts anfangen. Mehr denn je sehnte ich mich nach dem Schweigen der Wüste. Entschlossen nahm ich mein Glas in die Hand und brachte einen stummen Toast aus: »Auf die wilde Frau, die Stille und die Abenteuer!« Und dann ging ich packen.

Südwärts durchs Nirgendwo, Nachmittag. Gemischte Gefühle
Dieser Tag will nicht enden. Seit sechs Uhr auf den Beinen. Julie, Peter, Jessie, Cila, Gogga und ich. Vier Stunden Asphalt und zwei Stunden Schotter. Über das knallbunte Rehoboth nach Maltahöhe am Rande der Trostlosigkeit. Zwei Pausen und ein Schlangenvortrag von Cila. Im Radio Modern Talking, die sie so liebt, und Schlager in Afrikaans. Vor einer Stunde ein Eselskarren. Schwarze Frauen, die ihre Waren an der Piste verkaufen. Ein paar Farmen inmitten grüner Haine, darum herum nichts. Büsche und Berge in flirrender Hitze. Wir sind verlassen. Verloren. Vermessen, uns hierher zu wagen. Und winzig wie Sandkörner in dieser Umgebung. Ich bekomme Durst nur vom Hinsehen. Ist das bereits Wüste? Dann weiß ich nicht, was ich hier suche. Hier ist doch nichts. Trotzdem: Ich will nur noch ankommen. Wo auch immer das ist.

Cila also. Nicht Flo. Cila, die Handfeste. Zupackende. Die, die immer weiß, was sie tut. Blond, burschikos, mit viel Biss. Sie ist Weiße, eine Burin, zehn Jahre jünger als ich und hier geboren. Sie kennt dieses Land. Die ersten zwei Stunden hatte ich Angst vor ihr. Dann nicht mehr. Ich fühle mich sicher mit ihr. Sie lacht viel, wie Peter schon sagte. Mit dieser Reibeisenstimme, die so gut zu ihr passt. Und sie redet gern. Schließlich hat sie auch etwas zu sagen. Diese Frau ist voller Geschichten. Sie erzählt selbst am Steuer mit Händen und Füßen. Und zwar so, dass jeder an ihren Lippen hängt.

Ich fragte, wie wir den Schlangen aus dem Weg gehen könnten. Sie sagte: »Gar nicht.« Es folgte ein Exkurs über Puffottern, die bei Gefahr nicht fliehen, schwarze Mambas, Kap- und Speikobras. Uns erwarten die giftigsten Schlangen, die Afrika kennt. Nach einem Biss bleiben uns ganze vier Stunden. Die erste Maßnahme heißt: nicht bewegen, damit das Gift nicht noch schneller ins Herz gelangt. Für die anderen: einen Funkkorridor zu den Rangern suchen. Und dann hoffen, dass der Flying Doctor noch rechtzeitig kommt … Es wurde still und stiller im Truck. Betretene Mienen. Man sah es rattern in unseren Köpfen: nur keine Experimente. Keine Alleingänge und Heldentaten. Ich bleibe schön hinter Cila und Gogga. Schließlich ist jeder sich selbst der Nächste. Und nach mir die Sintflut.

Worauf wir uns einlassen, weiß keiner von uns. Wir beginnen es gerade von fern zu ahnen. Aber es gibt kein Zurück, die Farm liegt schon weit hinter uns. Gegen die Wüste, die Cila uns schildert, wirkt sie wie Kindervorstellung. Wie Geisterbahn. Ein bisschen gruseln, aber nur zum Spaß. Das hier draußen ist ernst. Keine Notbremse. Kein doppelter Boden. Kein Sicherheitsnetz. Nur freier Fall. Jeder kleine Fehler kann hier der letzte sein.

Zu spät, meine Liebe. Es hilft nichts, sich jetzt zu beschweren. Busch light war gestern. Ab heute steht Realität auf dem Programm. Die Wüste gibt es nur ganz oder gar nicht. Was meinst du dazu, wilde Frau? Wir schaffen das, sagst du. Wir können viel mehr, als ich uns zutraue. Genau darum sind wir ja hier. Bis jetzt waren wir noch allem gewachsen. Bis jetzt sind wir an allem gewachsen. Schön, dass wenigstens eine von uns an mich glaubt.

Was ist denn das? Eine Bewegung im Gras. Irgendein Tier. Nein, drei … vier. Fünf. Drollige Fellknäuel. Sie wieseln drunter und drüber. Jetzt überqueren sie vor uns die Piste. Löffelhunde, meint Cila. Sie ähneln Füchsen, nur dass sie Schöpfkellen statt Ohren haben. Sie sagt, das Rudel trifft sie hier häufig. Es sind immer fünf. Schon komisch, Cila fährt so oft in die Wüste wie andere zum Shoppen. Hierher ans Ende der Welt. Und schon sind die fünf hinter uns im Gras untergetaucht.

Die Landschaft ändert sich. Endlich. Die Berge treten zurück. Machen der Ebene Platz. Der Blick wird weit, schwimmt auf Gras wie auf Wasser. So viel Fläche. So viel Raum. Sofort möchte ich all das einsaugen. Inhalieren. Das Atmen wird leicht. Zum allerersten Mal, scheint mir, bekomme ich richtig Luft. Die Enge ist fort. Farbe flutet das Land. Gelb, Rot, Grün, Schwarz und Braun. Aber vor allem anderen ein Meer aus Gelb. Noch nie habe ich so viel Buschgras gesehen. Der Wind jagt Wellen hindurch, verwirbelt zahllose Halme, fängt sich in Strudeln, schwillt an, ebbt ab. Ich klebe am Fenster. Und trinke Gelb …

Wie klein man vor etwas so Großem wird. Es ist da, ganz ohne mein Zutun. Es spielt keine Rolle, ob es mich gibt oder nicht. Die Wüste weiß nichts von mir. Die Berge übersehen mich gleichmütig. Das Buschgras kennt meinen Namen nicht. Ich bin Gast hier, nur kurz Teil von allem. Und wenn ich fortgehe, wird es sein wie immer. Ich muss keine Spur hinterlassen. Keinen Stempel mit meinem Namen darauf. Ich brauche das nicht. Ich will nur hier sein. Mich einmal erinnern können. Wenn die Wüste mich längst vergessen hat …

Ein Schild: Willkommen in NamibRand. Märchenland. Nach allem, was ich gehört habe und sehe jedenfalls. Da vorn tauchen Bäume auf. Hohe, grüne Akazien. Dazwischen weiße Mauern. Zäune. Eine Landebahn, rot, wie von Termiten ins Buschgras gefräst. Ein paar Springböcke. Drei Strauße und in der Ferne noch viel mehr Wild. Cila sagt, das sei Aandster. Die Rangerstation. Ab hier geht es mit dem Pick-up weiter zum Haus, nach Gorrasis. Die Wege im Naturschutzgebiet sind zu schlecht für den Truck.

Also rasch, Leute. Umladen, aufsteigen und wieder los. Kein langes Palaver. Damit wir nur nichts verpassen. Es warten Tiere auf uns. Bilder. Geschichten. Wie soll ich sie finden, wenn wir jetzt trödeln? Ich hätte gern noch zehn Augen. Zehn Antennen. Ich platze vor Neugier. Ich kann es kaum erwarten. Wüste zu spüren. Weite. Mich. Und was immer es sonst noch zu spüren gibt.

Noch eine Dreiviertelstunde von hier bis zum Haus, sagt Cila. Eine Dreiviertelstunde Schauen. Schaukeln. Schlaglöcher. Der wilden Frau wird es gefallen. Und mir.

In Aandster empfing uns Steffi, die Dritte im Bunde der Farmbiologen. Sie war ebenfalls Deutsche und hatte mit ihren Volontären in der vergangenen Woche von Gorrasis aus die Geparden getrackt. Wir kamen, um sie abzulösen. Sie erzählte, was ich schon von Flo wusste: dass sie die Geparden zwei Mal gesehen hatten. Auch heute hatten sie wieder Signale von ihnen empfangen. Das ließ darauf hoffen, dass auch wir die Tiere zu Gesicht bekommen würden.

Ohne uns lange aufzuhalten, luden wir unser Gepäck und die Vorräte auf den Pick-up um. Es war bereits Nachmittag, und auch heute würde die Sonne wieder pünktlich um kurz vor sechs untergehen. Bis dahin mussten wir in Gorrasis sein. Im Dunkeln riskierte man auf den schlechten Pads einen Achsenbruch, und es empfahl sich nicht, auf der Pritsche eines Pick-ups mitten im Nirgendwo die Nacht zu verbringen. Für Leoparden und Hyänen wären wir ein gefundenes Fressen. Tischleindeckdich, sozusagen.

Die gute Cila nutzte die Gelegenheit für einen weiteren Kurzvortrag. NamibRand war 1984 »am Rande der

Namib«, wie der Name schon sagte, durch den Zusammenschluss mehrerer Farmen zu einem privaten Naturschutzgebiet entstanden. Heute umfasst es über 172 000 Hektar und wächst weiter. Bis auf den Grenzzaun zum Namib-Naukluft-Park sind alle Farmzäune verschwunden. Die Viehwirtschaft wurde eingestellt, und NamibRand verschrieb sich dem sanften Tourismus. Er schont das Ökosystem und sichert nachhaltig Einnahmen, sodass sich das Reservat selbst tragen kann. Dass der Tourismus auch sanft bleibt, gewährleistet die Beschränkung auf ein Gästebett pro zweitausend Hektar und eine limitierte Anzahl an Lodges. Unter den wachsamen Augen der Ranger werden geführte Wanderungen, Fotosafaris und Heißluftballonflüge im Naturschutzgebiet veranstaltet. Alle anderen Aktivitäten im Reservat unterliegen ebenfalls einer strengen Kontrolle. Die Geparden und Leoparden, die N/a'an ku sê in NamibRand auswildert, finden dort also nicht nur die Freiheit und ein neues Zuhause. Sie werden Teil des Konzepts und locken Touristen an, die mit ihren Devisen wiederum zum Unterhalt des Reservats beitragen. Ich fand die Idee ebenso umweltverträglich wie geschäftstüchtig. So war jedem gedient: den Farmern, den Tieren, den Touristen und dem Ökosystem. Naturschutz auf Namibisch.

Wir hatten Aandster mittlerweile hinter uns gelassen. Cila saß wieder am Steuer, daneben Steffi. Wir anderen hatten es uns zusammen mit Gogga zwischen Reisetaschen, Schaumstoffmatratzen und Lebensmittelvorräten auf der Ladefläche so gemütlich gemacht, wie es eben ging. Der Rundumblick entschädigte für das Geruckel und Gestoße: baumlose Inselberge oder Kopjes aus rund geschliffenen roten Felsen und dazwischen ein Teppich aus kniehohem Buschgras, so weit das Auge reichte. Ungerührt, unberührt lag diese Landschaft da; wir kümmerten sie wenig. Seit Urzeiten hatte sie immer wieder Menschen kommen und gehen sehen. Wir waren nur eine Handvoll davon und ohne Bedeutung.

Wir redeten kaum. So viel Weite und Leere ließ wenig Platz für Worte. Ich spürte, wie mich die Wüste verschlang, mit Haut und Haaren, und auf einmal schwammen meine Augen. Ich wusste gleich, dass nicht der Fahrtwind schuld daran war. Irritiert schluckte ich an dem Kloß in meinem Hals; es fehlte nicht viel, und ich hätte tatsächlich losgeheult. Eine unschöne Vorstellung. Schwäche zeigen ist nicht mein Fall. Ich arbeitete noch daran, meine Fassung zurückzugewinnen, da dämmerte es mir. Zu Hause. Dies war zu Hause.

Ich stutzte. Was hatte ich da gedacht? Zur Tarnung holte ich mein Taschentuch aus der Hosentasche und putzte mir die Nase. Doch da war er wieder. Dieser Gedanke. Er wollte sich nicht wegschnauben lassen. Jetzt dachte ich ihn schon wieder. Oder war das etwa ein Gefühl? Ich ging in mich, um nachzusehen. Ich musste erst ein wenig suchen, aber dann war ich mir sicher. Das, was mir gerade das Wasser in die Augen trieb, kam nicht aus meinem Kopf. Sondern von einem Ort in mir, den ich noch nicht kannte.

Ganz tief drinnen schien sich etwas dunkel zu erinnern. Dort, wo ich ein paar hunderttausend Jahre alt war. Ich musste es längst vergessen haben, doch jetzt meldete es sich wieder zu Wort. Es fühlte sich an wie Heimkommen nach einer sehr, sehr langen Zeit. Als hätte ich hier schon einmal gelebt. Schon hundert Mal … Der Frieden dieser Berge war ansteckend. Ich wurde ganz still. Hier würden mich meine Selbstzweifel nicht so schnell finden. Die ewige Furcht, nicht zu genügen. Die Unrast, dem nächsten Augenblick hinterherhetzen zu müssen, der noch gar nicht auf der Welt war.

Ich wusste, dass ich gut daran tat, allen unnötigen Ballast zurückzulassen; auf meinem Weg durch die Wüste würde er mich nur behindern. Und gerade, als ich die letzten Stolpersteine beiseiterollte, tauchte vor mir wieder jene Tür auf, die schon ein Stück weit offen stand. Nun schwang sie ganz auf und gab den Blick frei auf ein weites Land. Es war dieses Märchenland um mich herum. Ich erkannte es. Und ich war glücklich, endlich wieder hier zu sein.

Das späte Licht tauchte die Ebene in ein warmes Ocker. Die Berge erglühten. Ihre Schatten krochen über das Buschgras und wurden immer länger. Während wir weiter in Richtung Horseshoe Mountain rumpelten, sahen wir Steppenzebras, Oryxe, Springböcke und Strauße im Buschgras stehen; hier und da entdeckten wir auch ein paar Mangusten und Erdhörnchen. Doch ich nahm an, dass die meisten Tiere es vorzogen, unsichtbar zu bleiben. Wir erreichten den südlichsten Ausläufer des Horseshoe Mountain und passierten einen Wegpunkt, der auf der Karte Boulders hieß, vermutlich, weil es hier nichts außer Felsbrocken gab. Was allerdings auf so gut wie jeden Kopje in NamibRand zutraf.

Sobald wir in den Schatten der Bergflanke fuhren, wurde es merklich kühler. Plötzlich fiel mir eine Bewegung am Hang über unseren Köpfen auf. Ich kniff die Augen zusammen. Klippschliefer. Eine ganze Kolonie. Fünfzehn oder zwanzig dieser murmeltierartigen braunen Tiere flitzten aufgeregt über die Felsen und schlugen mit schrillen Warnpfiffen Alarm.

»Sie sind mit Elefanten verwandt«, rief Cila durch die offene Heckscheibe nach hinten. Wir glaubten, uns verhört zu haben, und lachten. »Und mit Seekühen«, ergänzte sie, während sie einen Gang herunterschaltete. »Nein, im Ernst. Ihr könnt Flo fragen. Es stimmt: Klippschliefer sind Huftiere. Außerdem sitzen in ihrem Oberkiefer zwei verlängerte, nachwachsende Schneidezähne. Mini-Stoßzähne sozusagen. DNA-Untersuchungen zufolge sind sie tatsächlich die nächsten Verwandten von Elefanten und Seekühen.«

Jessie schüttelte den Kopf. »Wenn das die Elefanten wüssten«, sagte sie. »Murmeltiere in der Familie! So eine Schande!«

Wir ließen die kleinen Pummelchen nicht aus den Augen, bis auch der letzte Nachzügler in seiner Felsspalte verschwunden war. Der Name der nächsten Sehenswürdigkeit ließ vermuten, dass man im Reservat Sinn für Humor hatte: Hardrock Café. Doch wir hielten vergeblich Ausschau nach einem Gebäude; auch hier gab es bis auf eine Ansammlung von Findlingen nichts. Diese wirkten, als hätten Riesen vor Urzeiten mit einer Handvoll Felsbrocken Murmeln gespielt und eine Pyramide aufgetürmt. Dann waren sie in die Mittagspause gegangen und bis heute nicht wieder zurückgekommen. Die Leute von der nächstgelegenen Lodge hatten beschlossen, aus der Not eine Tugend und aus dem roten Granitsteinhaufen eine Touristenattraktion zu machen. Sie hatten Sonnenliegen herbeigeschafft und eine hölzerne Bar gezimmert, damit sich ihre Gäste nach einer anstrengenden Jeepsafari hier bei einem Sundowner entspannen konnten. Allerdings sollten wir bis auf ein paar Springböcke nie einer lebenden Seele in der Nähe des »Cafés« begegnen, und so bleichten die Sonnenliegen im grellen Licht der Pränamib weiter verwaist vor sich hin.

Von hier aus führte die Pad in einem weiten Bogen um den Südwestzipfel des Horseshoe Mountain herum, und es ging in einigem Abstand zu dem massigen Bergstock wieder Richtung Norden. Im Westen grüßten die Chowagas-Berge rötlich schimmernd durch den Dunst herüber. Angesichts dieses Panoramas vergaß man nur zu leicht, dass die Wüste alles andere als ein Postkartenidyll war. Ich fragte mich, wie Menschen hier jemals ohne moderne Hilfsmittel hatten überleben können. Man musste schon sehr genau wissen, wo man Wasser fand und welche Pflanzen man essen konnte. In der Anpassung an diesen Lebensraum hatten uns Tiere und Pflanzen viele Jahrtausende voraus. Sie waren hier heimisch. Wir nicht.

Als hätte ich laut gedacht, wurde plötzlich auf der Beifahrerseite eine Hand aus dem Fenster gestreckt. Steffi zeigte auf ein unansehnliches Gewächs am Wegesrand, und Cila hielt an. Auf den zweiten Blick erinnerte es an eine eingegangene Aloe vera. Ich hatte selten eine hässlichere Pflanze gesehen.

»Welwitschia!«, verkündete Gogga.

»Bitte?«, fragte Peter.

»Welwitschia mirabilis«, ergänzte Cila. Ihre Reibeisenstimme war noch einen Tick rauer geworden, so als hätte sie Sand geschluckt. Unsere sonst so gesprächige Führerin schien allmählich müde zu werden. Ohne weitere Erklärung legte sie den ersten Gang ein und fuhr wieder an.

Über die Wappenpflanze Namibias hatte ich schon einiges gelesen. Die Welwitschia ist tatsächlich ein Naturwunder, wie ihr lateinischer Beiname schon sagt. Ein lebendes Fossil aus dem Erdmittelalter und ein kleines Kraftwerk der Wüste, dessen Wurzeln Feuchtigkeit aus Regen, Nebel und Grundwasser in bis zu drei Metern Tiefe und fünfzehn Metern Umkreis aufnehmen können. Die Pflanze besteht aus lediglich zwei immergrünen Blättern, die in Bodennähe wachsen und bis zu zweieinhalb Meter lang werden können. Bedingt durch die Witterung fransen sie an den Enden aus, werden gelb und sterben ab. Trotz ihres desolaten Äußeren erreicht die Welwitschia ein wahrhaft biblisches Alter: Kleinere Exemplare konnten auf fünf- bis sechshundert Jahre datiert werden; ausgewachsene Pflanzen schätzt man auf zweibis dreitausend Jahre. Ich blickte zurück auf den Haufen Grünzeug, dem man nicht ansah, welch ein Überlebenskünstler sich dahinter verbarg. Schade nur, dass die Evolution nicht daran gedacht hatte, der Welwitschia auch ein bisschen Schönheit mit auf den Weg zu geben.

Der Pick-up zuckelte weiter. Die rotbraune Piste war hier in besonders elendem Zustand und quälte sich von Schlagloch zu Schlagloch. Hinten auf der Pritsche wurden wir ordentlich durchgerüttelt und hatten Mühe, uns festzuhalten. Wir mussten ständig alle Muskeln anspannen, um gegenzusteuern. Nach einer Weile hatte ich herausgefunden, dass man am besten fuhr – buchstäblich –, wenn man sich im Sitzen möglichst gerade aufrichtete und einen langen Rücken machte. Die Kunst war, gleichzeitig in der Hüfte beweglich zu bleiben, um alle Stöße abzufedern. Am liebsten wäre ich aufgestanden und hätte mich hinter die Fahrerkabine gestellt, wie wir es auf der Farm taten. Im Stehen war es leichter, das Gewicht zu verlagern, und es kostete nicht so viel Kraft. Doch dann hätte Cila das Tempo drosseln müssen, und wir wären noch länger unterwegs gewesen. Mittlerweile steckten uns sieben Stunden Fahrt in den Knochen.

Wie auf Kommando beschrieb der Weg an dieser Stelle einen Bogen um einen weiteren Kopje, der in der späten Sonne aufleuchtete. Dahinter öffnete sich der Blick in einen Kessel, der leicht hangaufwärts führte und an den Fuß eines langgezogenen Bergrückens stieß. Dort, noch ein gutes Stück von uns entfernt, duckte sich ein Gebäude an die Felsen. Gelbe Mauern mit Augen aus

Fenstern. Ein rotes Dach, das bis über die Veranda reichte. Und all das in Spielzeuggröße. Ein Puppenhaus.

Peter sprach aus, was wir alle dachten. »Da passen wir nie rein.«

»Mit der anderen Gruppe sind wir heute Nacht zu elft«, ergänzte Jessie. »Aber wenn wir uns stapeln, wird's schon gehen.«

Bis zum Haus konnten es nur noch ein paar hundert Meter sein. Doch sie zogen sich unvermutet in die Länge. Der Pick-up schien nun, da wir das Ziel vor Augen hatten, darauf zuzukriechen, als hätte jemand die Zeitlupentaste gedrückt. So hatten wir immerhin Gelegenheit, uns mit unserer neuen Umgebung vertraut zu machen. Zwei Farben herrschten vor: das Ockergelb des Buschgrases, das die Ebene bis zum Horizont bedeckte, und das Terrakottarot des Sandes und der Berge. Das Haus blickte über eine sanfte Talsenke hinweg, die von kleineren felsigen Hügeln, Trockenflussbetten und einzelnen Bäumen durchsetzt war. Sie fiel zunächst sacht ab, um zum jenseitigen Rand hin wieder leicht anzusteigen. Dort bildeten bis zu zweitausend Meter hohe Bergketten eine natürliche Barriere, hinter der der Namib-Naukluft-Nationalpark begann.

Im weichen Licht des Nachmittags sahen sie fast einladend aus. Doch ich wusste, dass man nicht einfach auf diese baumlosen Gipfel spazieren konnte, als wären es die Alpen. Es gab keine Wege, nur Wildwechsel, kein Wasser, keinen Schatten. Man musste stets vor Schlangen, Skorpionen und Leoparden auf der Hut sein, ebenso wie vor der Hitze und der eigenen Selbstüberschätzung. Hier gab es keine Bergwacht, die verirrte oder in Not geratene Wanderer rettete. Hier musste man sich selbst helfen, oder niemand tat es. Einmal mehr wurden mir die beiden Gesichter der Wüste bewusst: ihre Schönheit und ihre Lebensfeindlichkeit. Beide gaben mir das Gefühl, winzig zu sein. Absurderweise war es ein gutes Gefühl.

Endlich lenkte Cila den Pick-up auf den Hof hinter dem Haus. Die scheinbar kurze Strecke von der Biegung bis hierher hatte sich unerwartet in die Länge gezogen. In den kommenden Tagen sollte ich mich immer wieder in den Entfernungen verschätzen, da es in dieser Umgebung kaum Bezugsgrößen wie Bäume gab. Nur Buschgras, und das trog. Es erweckte den Eindruck, man müsste vom Haus aus in einem weiten Umkreis jeden einzelnen Springbock sehen können. Doch wir lernten bald, dass all das Gelb selbst einen ausgewachsenen Oryx mühelos verschlucken konnte.

Cila brachte den Wagen zum Stehen, zog die Handbremse an und stellte den Motor ab. »Leute, wir sind da.«

Auf der Veranda, erster Tag. Abendglühen

Ich bin da. Angekommen. Dies ist mein Ort. Märchenland. Kleinmädchentraum. Hier kann ich bei mir sein. Still werden. Der Wüste lauschen. Sie weiß zahllose Geschichten. Und vielleicht ja auch einmal eine von mir …

Das »Puppenhaus« ist gar nicht so klein. Eine Küche, Bad, Flur und drei Schlafzimmer. Genug Platz für uns alle. Ein Dach über dem Kopf, solide Mauern. Wir kochen mit Gas und schlafen in Betten. Das Duschwasser ist sogar heißer als auf der Farm. Mehr braucht der Mensch nicht. Mehr will er auch nicht. Luxus passt ganz und gar nicht hierher. Lieber sparsam bei Kerzenschein spülen. Die Welt draußen lassen. Als Gesellschaft nur uns haben. Und vor der Veranda dieses unfassbar schöne Tal.

Ich bin so neugierig. Wer weiß, was uns da draußen erwartet. Morgen und übermorgen und die Tage danach. Heute ging es zum ersten Mal hinaus ins Feld, nachdem Steffi und ihre Gruppe kaum fort waren. Cila mit Peilsender, Antenne und Kopfhörern, Gogga im Sturmschritt wie üblich voraus. Und wir vier brav im Gänsemarsch hinterdrein, den Blick auf den Boden geklebt. Doch weit und breit keine Schlangen. Nur faustgroße Grillen. Springböcke, Oryxe, ein Erdwolf, Mangusten. Und Steppenzebras. Ich finde sie hübscher als ihre schwarzweißen Verwandten, die man in so vielen Zoos sieht. Bei diesen hier liegen die schwarzen Streifen auf bräunlichem Grund, perfekt ausgelegt für das Leben in der Savanne.

Ein Fohlen trabte allein vor uns her, weitab von der Herde. Es hatte den Anschluss verloren, wusste nicht mehr, wohin. Nur weg von dem stinkenden, lauten Ding mit den runden Hufen und den seltsamen Tieren auf seinem Rücken. Immer wieder kreuzte das Fohlen vor uns die Pad. Ziellos, Panik im Blick. Vielleicht ahnte es zum ersten Mal, dass sein kleines Leben jederzeit enden könnte. Cila hielt an, damit es nicht noch mehr Angst bekam. Es lief ein Stück weiter und blieb stehen, als es merkte, dass wir ihm nicht folgten. Es beäugte uns misstrauisch. Und dann begriff es: Ich bin frei! Ich werde leben! Zumindest heute … Das Fohlen preschte davon und fand seine Mutter wieder. Ich wünsche ihm, dass sie in Zukunft ein wenig wachsamer ist.

Übrigens ist es gar nicht so einfach, den Signalen zu folgen. Die Tiere halten sich selten an Wege. Und überhaupt: welche Wege? Hier gibt es abseits der Piste nur Wildwechsel und Trockenflussbetten. Cila nennt sie Riviere, so sagt man auf Afrikaans dazu. Über Stock und Stein, bergauf und bergab hetzen wir zu Fuß dem Signal hinterher. Pausen machen wir nur, um wieder zu peilen. Das Tempo ist stramm und das Buschgras hart. Jeder Schritt will geplant sein. Jeder Handgriff beim Klettern. Auf den Felsen sonnen sich gern Puffottern und Kobras. Vorsicht, Vorsicht und noch einmal Vorsicht. Aber bisher kommen wir alle gut mit. Keiner klagt. Das Geheimnis ist, seinen eigenen Rhythmus zu finden. Wenn man einmal im Tritt ist, geht es sich gleich viel leichter. Dann blende ich alles andere aus. Es gibt nur noch diesen Schritt und den nächsten. Gedanken kommen und gehen. Ich kann sie mir anschauen, ohne grübeln zu müssen. Gehmeditation. Versenkung. Große Ruhe. Zu mir kommen. Mich Sandkörnchen in dieser Weite spüren. Und dabei überhaupt nicht verloren sein.

Ich wusste kaum noch, wie Stille geht, und lerne es eben erst wieder. Sie ist leer. Ohrenbetäubend. Schwer wie ein Berg und dabei federleicht. Man vergisst, dass es den Rest der Welt überhaupt gibt. Jetzt, da es so ruhig in mir wird, ist mir zu Hause plötzlich ganz fremd. Fern wie die Sterne. Ich stehe und staune. Schaue auf dieses Buschgrasmeer, in dem nachts sicher Erdgeister tanzen, und sehe zu, wie die Sonne hinter die Berge im Westen fällt. Das Tal errötet wie bei einem anzüglichen Witz. Alpenglühen, nur auf Namibisch. Fast heimlich stiehlt sich das Licht davon. Ein letztes Winken zum Abschied. Von drüben wälzt sich die Nacht heran, doch dahinter, irgendwo, wartet schon wieder ein neuer Tag …

Könnte ich all das nur aufsaugen. Speichern für schlechte Zeiten. Kraft schöpfen auf Vorrat. Wer weiß, wann man sie wieder mal brauchen kann. Ich werde versuchen, nichts zu vergessen. Erinnerungen zu sammeln, so viele ich kann. Und wenn ich Sehnsucht bekomme, sehe ich sie mir an. Gehe spazieren in diesen hellen Tagen. Zähle im Geiste Oryxe und Springböcke. Und denke an damals, als ich anfing, die Fremde zu sein …

Dinge geschehen, seitdem ich in Afrika bin. Ich gehe durch Türen, die vorher nicht da waren, und jetzt stehe ich hier. Will nicht mehr umkehren. Man macht keinen Rückzieher, wenn man so weit gekommen ist. Ich dachte, so etwas passiert mir nicht mehr. Zu viele Türen waren mir verschlossen geblieben. Bis ich aufhörte, daran zu rütteln, hinein zu wollen. Und plötzlich kann sich der Sesam öffnen. Plötzlich kann ich, was ich nie gut konnte. Mir vertrauen. Neugierig auf die sein, die noch in mir steckt. Herausfinden, wer ich sein könnte, wenn ich mich lasse. Wenn ich nicht an mir zweifle. Verzweifle. Und wer weiß, vielleicht werde ich mir sogar endlich verzeihen, dass ich bin, wie ich bin, und nicht anders.

Etwas bewegt sich. Dieses Leben kommt langsam wieder in Gang. Davor war mein Modus Standby. Leerlauf. Stillstand. Aber jetzt kann ich wieder stolz auf mich sein. Weil ich das hier gewagt habe. Den Aufbruch. Ohne zu wissen, was hinter der nächsten Biegung wohl auf mich wartet. Ich lerne gerade, dass Umwege niemals nur Umwege sind. Dass Hindernisse einen Sinn haben und sogar Spaß machen können. Ich habe gemerkt, wie sehr Sicherheit lähmt. Manchmal ist Ungewissheit doch die bessere Wahl. Sie bringt Angst und Gefahr. Aber sie sagt mir auch, dass ich noch lebe.

Ich möchte auf immer und ewig hier stehen, auf dieser Veranda. Meinetwegen sogar bis ans Ende der Zeit. Um mich die Wüste und ich ein Sandkorn in ihr. Und überhaupt nicht verloren. Vielmehr beschützt. Aufgehoben. Ein Teil von allem, wenn auch nur winzig. Seltsam: Ich muss erst ans Ende der Welt reisen, um zu mir zu finden. Bei mir anzukommen. Schluss zu machen mit dem Irren und Wirren. Und sei es auch nur für eine kleine Weile.

Ohne Sandkörner gäbe es keine Wüste. Ich bin nicht nichts. Ich zähle. Ich hinterlasse Spuren. Etwas wird bleiben von diesen Tagen. Es wird nicht sein, als wäre nichts gewesen, auch wenn ich schon längst wieder zu Hause bin. Denn dann endlich werde ich wissen, wie sich das anfühlt: glücklich zu sein und ruhig in mir.

Die Wüste wurde mir eine geduldige Lehrmeisterin. Sie wiederholte jede Lektion so lange, bis ich sie begriffen hatte. Wenn ich wütend auf mich war, weil ich die Trittsiegel von Springbock und Kuhantilope noch immer miteinander verwechselte, raunte sie, dass ich nicht alles können müsse. Dass es hier nicht um gute Noten gehe. Und dass das kein Grund sei, schlecht von mir zu denken.

Man kann sich herrlich an eigenen Makeln die Zähne ausbeißen. Man kann es aber auch lassen. Es ist keine Schande, Schwächen zu haben. Man darf ruhig zu ihnen stehen. Denn es macht nicht noch schwächer, sondern stark. Nichts und niemand hat mir das so eindrücklich vermittelt wie die Wüste. Ich konnte mich von mancher selbstgeknüpften Fessel befreien, wenn ich nur wollte. Die Kunst bestand darin, Nachsicht mit mir zu üben. Nichts erzwingen zu wollen. So machte ich meinen Frieden mit meinen Fehlern. Und tröstete mich damit, dass es genug andere Dinge gab, in denen ich gut war.

Außerdem lernte ich, was ein richtiger Sternenhimmel ist. Weit entfernt vom Lichtsmog der Städte knipste die Wüste nachts ihre eigenen Lampen an. Und tausendfach flammte es droben auf. Zum ersten Mal sah ich die Milchstraße, wie sie gemeint war: ein schaumiger Streif, ein funkelnder Schweif, Diamanten, auf dunklen Samt gestreut. Beim Blick dort hinauf erahnte ich leise die Tiefe des Weltraums, jenseits aller Vorstellungskraft. Fand Orion. Alpha und Beta Centauri. Und das Kreuz des Südens, an das gewaltige Gewölbe über unseren Köpfen genagelt.

Am zweiten oder dritten Tag begann ich Sandwiches mit Erdnussbutter, Gurke und geriebenem Käse zu mögen. Für unsere Gewaltmärsche im Feld brauchten wir Kalorien, und so belegte ich mein Weißbrot mit allem, was die rationierten Vorräte hergaben. Den ersten Bissen meiner Kreation kaute ich noch mit Todesverachtung. Doch dann stellte ich fest, dass es gar nicht so übel war. Die trockene Erdnussbutter ging eine glückliche Verbindung mit den saftigen Gurkenscheiben ein; der Käse tat ein Übriges. Und ich hatte immer zu wissen geglaubt, was mir schmeckte und was nicht.

Überhaupt hatte ich so viele Dinge von mir geglaubt. Aber das war vor Afrika gewesen. So wartete ich noch immer auf den Lagerkoller. Zu Hause brauchte ich viel Zeit für mich, doch hier war ich so gut wie nie allein. Es machte mir nichts aus. Ich fehlte mir nicht. Ich hatte ja genug Gelegenheiten, Zwiesprache mit mir zu halten – bei der Gehmeditation etwa oder beim Wildzählen.

Oder wenn wir, wie am zweiten Tag, fünf Stunden auf unseren Gepardenkater ansitzen mussten. Schweigend und ohne Erfolg. Wir bekamen ihn nicht zu Gesicht. Umso ergiebiger war dieser Nachmittag für meine Innenschau.

Ich horchte immer erstaunter in mich hinein. Schon wieder eine neue Seite, die ich an mir entdeckte. Und es blieb nicht die einzige. Plötzlich machte es mir Freude, Pläne zu schmieden und, wenn nötig, wieder über den Haufen zu werfen. Es bedrohte die Ordnung nicht mehr, in deren Korsett ich mein Leben früher, vor tausend Jahren, so gern gezwängt hatte. Sie war längst unwiederbringlich dahin, genau wie die Packordnung in meiner Reisetasche. Wo kein Stein auf dem anderen blieb, konnte sich das Chaos entfalten. Und ich verschwendete keinen Gedanken mehr an pedantisch auf Kante gefaltete T-Shirts.

Zentnerlasten fielen mir von den Schultern. Ich ließ sie liegen. Es war, als würde ich mich neu erfinden. Als müsse ich auf der Hälfte des Weges, nach vierzig Jahren, noch einmal alles, was ich über mich wusste, einer Prüfung unterziehen. Kurskorrekturen vornehmen. Die Weichen neu stellen. Diese wilde Frau gab einfach keine Ruhe. Sie machte eine Fremde aus mir, die ich unbedingt kennenlernen wollte.

Es muss unser vierter oder fünfter Tag in NamibRand gewesen sein. Bisher hatten wir stets gute Signale von unseren Geparden empfangen. Drei von ihnen – der einzige Kater und zwei Weibchen – trugen ein Halsband, das mit einem Sender versehen war; der vierten Katze war eines ohne Sender angelegt worden. Offenbar hatten sie sich getrennt, da die Signale aus verschiedenen Richtungen kamen. An diesem Morgen, kurz nach Sonnenaufgang, fingen wir das Signal eines der Weibchen auf. Wir packten unsere Ausrüstung zusammen, kletterten auf den Pick-up und fuhren dem Signal nach.

Es war noch recht frisch. Ich trug meinen Fleece und die Regenjacke darüber, den Feldstecher hatte ich mir griffbereit um den Hals gehängt. Wieder einmal stand ich mit Gogga hinter der Fahrerkabine am Ausguck. Ich liebte diesen Posten längst. Mir den Wind um die Nase wehen zu lassen und nach Tieren Ausschau zu halten war so recht nach meinem Geschmack. Fernsehen einmal anders. Tatsächlich fühlte ich mich wie in meiner ganz persönlichen Folge »Daktari«. Reality-TV, fünfunddreißig Jahre später.

Und so inhalierte ich mit jedem Atemzug so viel Wüste und Wildnis, wie ich nur konnte. Nur keine Müdigkeit vorschützen. Ich wollte nicht einen Augenblick davon versäumen. Keinen Geruch, keinen Laut, keine Bewegung im Buschgras. Denn ich musste Erinnerungen tanken. Das hatte ich mir versprochen.

Bald, nachdem wir an diesem Tag aufgebrochen waren, wanderte das Signal der Gepardin Richtung Berge aus. Wir ließen den Pick-up stehen und stellten uns auf einen beschwerlichen Marsch ein. Zunächst ging es am Fuß der Bergkette quer durchs Gelände, hügelauf, hügelab. Wir sprachen nur noch im Flüsterton miteinander. Das Signal war klar, die Katze konnte nicht allzu weit entfernt sein. Manchmal, wenn sie von einer Bodenwelle verschluckt wurde, verloren wir die Peilung. Aber das Klopfen kehrte stets zurück und wies uns den Weg.

Allmählich wurde das Signal stärker. Cila blieb immer wieder stehen, schaltete den Empfänger ein, setzte die Kopfhörer auf und hielt die Antenne hoch. Dann verstummten wir. Versuchten, an ihrem Gesicht abzulesen, was sie hörte. Beobachteten, wie sie andächtig tief in sich hineinlauschte. Plötzlich, ich weiß nicht mehr, beim wievielten Mal, riss sie die Augen auf und begann wild zu gestikulieren.

Ihre Stimme war nur noch ein Hauchen. »Sie ist ganz nah … hinter dem Hügel …« Sie tippte auf das Sichtfenster auf dem Peilgerät. »Die Nadel schlägt maximal aus.«

Ich war wie elektrisiert. Vergaß vollkommen, dass ich eben noch durstig gewesen war. Und müde. Den anderen ging es genauso. Das Jagdfieber packte uns, auch wenn wir keine Beute machen wollten. Wir wollten nur diese Katze sehen. Wir wollten sehen, dass sich unsere Mühe lohnte. Cila legte den Zeigefinger an die Lippen und flüsterte, dass sie mit Gogga allein das letzte Stück auf die Hügelkuppe gehen wolle, um dort nochmals Peilung zu nehmen. Wir sollten uns nicht von der Stelle rühren. Die Gepardin müsse nun ganz nahe sein. Womöglich nur einen Katzensprung entfernt. Ich nahm mir vor, später über das Wortspiel zu lachen. Wenn ich wieder durfte.

Oben angekommen, schaltete Cila erneut das Gerät ein. Reckte die Antenne in die Luft und beschrieb einen Bogen. Wir hielten den Atem an. Warteten darauf, dass etwas geschah. Dass ein Ereignis diese Spannung auflöste. Ich war oft genug mit meinem Vater auf der Jagd gewesen. Ich wusste, wie sich die Stille vor dem Schuss anfühlte. Aber nichts. Fehlanzeige. Weit und breit keine gelbschwarze Schwanzspitze in Sicht. Und Cila machte keine Anstalten, uns heranzuwinken. Stattdessen startete sie einen weiteren Suchlauf.

Ich ließ den Blick über die Ebene schweifen. So stellte ich mir die Wiege der Menschheit vor: wogendes gelbes Buschgras, so weit das Auge reicht, unterbrochen nur durch das Grün vereinzelter Riviere, und rote Berge, die seit Urzeiten in den Himmel wachsen. In Jahrmillionen mochte sich hier nichts verändert haben. Vielleicht waren durch dieses Tal sehr lange vor uns schon einmal Menschen gezogen. Vielleicht hatten auch sie an dieser Stelle gestanden; hatten genau hier mit ihren Speeren auf der Lauer gelegen. Und vielleicht hätten uns die Felsbrocken, über die wir geklettert waren, erzählen können, dass sie schon einmal von Händen wie den unseren berührt worden waren. Ich reckte den Hals. Einen Augenblick lang erwartete ich tatsächlich, dass ein Frühmensch im Felldress durchs Bild laufen möge. Aber es ließ sich keiner blicken. Und auch die Steine blieben stumm.

»Pssst! Pssst!«

Ich schrak aus meinen vorsintflutlichen Betrachtungen auf. Was war das? Ich konnte das Geräusch nicht orten. Suchend schaute ich zu Cila und Gogga. Auch sie schienen irritiert zu sein.

»Pssst!«

Cila machte seltsame Verrenkungen, um etwas hinter mir besser sehen zu können. Ich drehte mich um, zu Jessie, Julie und Peter. Ihre Gesichter waren verzerrt vor mühsam erzwungenem Schweigen. Aufgeregt deuteten sie hügelabwärts, während ihnen fast die Augen aus dem Kopf fielen. Mein Blick wanderte an ihren ausgestreckten Zeigefingern entlang den Hang hinunter.

Und da war sie. Unsere Gepardin.

Keine fünfzig Meter von uns entfernt folgte sie gemächlich dem Lauf eines schmalen Trockenflussbetts am Fuße des Hügels. Doch auch sie hatte das Zischen gehört. Im selben Moment, als ich sie entdeckte, wandte sie den Kopf über die Schulter zurück. Und unsere Blicke kreuzten sich.

Wenn ich nur ein einziges Bild aus Namibia mit nach Hause hätte nehmen dürfen, dann wäre es dieses gewesen: die Raubkatze, gefleckt, groß, umgeben von Sand, Gras und dürren Büschen. Noch heute ist es jenes Bild, das mir als Erstes vor Augen steht, wenn ich an Namibia denke. Es ist der Schlüssel, der die Tür öffnet. Der Rest geht ganz mühelos. Ich ziehe die Tür auf und trete hindurch, mitten hinein in das Bild. Ich kann den Wind spüren und mein Herzklopfen. Und ich bin wieder dort, als wäre ich nie fort gewesen.

Im Feld, mittags. Sichtung

Weder Angst noch Schrecken in ihren Bernsteinaugen. Überraschung vielmehr. Unbehagen. Etwas stimmt nicht. Wir stören. Bringen Gefahr in die Savanne. Vielleicht. Wir sind viele, und wir sind groß. Uns kann man nicht angreifen. Uns kann man nur meiden. Ihr Instinkt sagt: Lauf. Sie setzt sich in Gang. Leicht ist ihr Trab, keine Flucht Hals über Kopf. Sie weiß, dass sie schnell ist. Dass wir niemals mithalten können.

Alles ist Licht. Gestochen scharf die Sicht. Über uns die stahlblaue Kuppel. Die Katze verlässt das Rivier. Streicht durch das Buschgras. Nicht hinab in die Ebene, dort ist keine Deckung. Schutz findet sie nur in den Bergen. Ihre Bewegungen sind geschmeidig, fließen aus kräftigen Schultern in diese Tatzen, deren Krallen nicht einziehbar sind und darum so gut Halt finden. Hin und wieder ein Blick zurück. Zu uns. Wir sind zu Salzsäulen erstarrt. Rühren uns nicht.

Was ist das? Eine Bewegung am Fuße des Hügels ... ein Stück weiter oben ... viel näher bei uns ... Ein zweiter Gepard! Mit Halsband, doch ohne Antenne. Es ist das andere Weibchen. Sie haben sich also zusammengetan. Jetzt hat auch sie uns gesehen. Läuft los. Muskeln spielen unter dem Fell, weit lenken die Schultern aus. Ein schmaler Körper, gestreckt, stromlinienförmig. Der kleine Kopf auf Höhe der Schultern, drehbar um 180 Grad, wie jetzt, da sie sich nach uns umsieht. Die Wirbelsäule extrem biegsam. Lange Läufe für weite Sätze. Kräftige Bänder, die die Gelenke stützen. Der Schwanz steuert, gleicht aus, balanciert. Ideallage im Windkanal. Flache Ohren, eine breite Nase, die Luft ansaugt, so viel, wie sie fürs Jagen braucht. Das große Herz pumpt jetzt schneller. Ihr mächtiger Brustkorb ist zum Sprinten gemacht. Doch auch sie flüchtet gemächlich. Fast schon verächtlich. Als wollte sie sagen:

»Ich fürchte euch nicht. Dies ist mein Land. Ich war vor euch hier. Ihr seid nur Gäste. Fremdkörper. Geduldet, gemieden. Ihr stört unseren Frieden. Ich weiß Dinge, die ihr schon lange vergessen habt. Für die ihr zu klug geworden seid. Ich weiß, wie man hier satt wird. Wie man sich Überleben ertrotzt von Tag zu Tag. In Hitze und Kälte, in Dürre und Sturm. Unter den Augen des Feindes, der uns die Jagdbeute stiehlt und unsere Jungen. Ihr müsst uns nicht zeigen, wie Leben geht. Ihr seid nicht die Krone der Schöpfung, ihr könnt sterben wie wir, und hier sogar schneller. Ihr vernichtet stets, was ihr euch untertan macht. Was undenkliche Zeiten haben wachsen lassen. Ist das euer Fortschritt? Jene Macht, der wir alle entspringen, wollte das nicht. Ihr seid ihre entarteten Kinder. Ihr spielt, und ihr spielt immer weiter, bis alles lichterloh brennt. Bis eine Welt in Flammen steht. Dann erst ruft ihr erschrocken um Hilfe. Helft euch selbst. Wir können nichts tun. Nur weglaufen, so weit wir kommen, bis zum nächsten Zaun. Wir müssen zusehen, wie sich das Buschfeuer nähert. Wie es zuerst die Schwächsten verschlingt. Dann uns. Und am Ende auch euch. Ja, helft euch selbst. Uns allen. Rettet, was noch zu retten ist. Und macht, dass nicht nur verbrannte Erde bleibt.«

Die zwei flinken Punkte sind fort. In den Hügeln verschwunden. Dort stehen sie, irgendwo, unsichtbar, Geister der Wüste. Lassen uns nicht aus den scharfen Augen. Halten die Nase in den Wind, der unsere Witterung trägt. Und verwandeln sich schon, sachte und heimlich. Um als Wiedergänger von jetzt an durch meine Erinnerung zu spuken …

Cila drängte zum Aufbruch. Wir nahmen den direkten Weg in die Ebene hinunter, gut zu erkennen und zu hören für alles, was in weitem Umkreis Augen und Ohren hatte. Die Pirsch war vorbei. Die Geparden sollten sehen, dass wir ihnen nicht nachstellten. Dass ihnen von uns und den nachfolgenden Tracking-Gruppen keine Gefahr drohte.

Über die Felsen stolperte ich mehr, als ich ging. Ich war viel zu selig, um mich auf die Klettertour konzentrieren zu können. Ständig musste ich an den Blick der Gepardin denken. Er steht mir noch heute vor Augen, ich kann ihn jederzeit abrufen. Ob auch mein Bild irgendwo in ihrem Gehirn gespeichert war? Ich bezweifelte es. Aber das machte nichts, denn plötzlich ging mir ein Licht auf. So unvermittelt, als hätte jemand im Dunkeln ein Streichholz angerissen. Ich blieb stehen. Jessie, die mir folgte, konnte gerade noch ausweichen.

»Sorry«, murmelte sie und balancierte auf dem Felsen um mich herum. Wenn man bedachte, dass sie sonst nie wanderte, stellte sie sich erstaunlich geschickt an. »Meine Töchter würden sich wundern!«, hatte sie am ersten Tag lachend gesagt und ihre Lockenmähne geschüttelt. »Zu Hause fahre ich selbst zum Briefkasten mit dem Auto.« Doch seit einigen Stunden schon klagte sie über Blasen an den Füßen. Sie hatten sich mittlerweile mit Blut gefüllt. Jeder Schritt war eine Tortur, ich sah es ihr an. Bis zum Pick-up musste sie noch durchhalten, dann war Feierabend. Für morgen hatte Cila ihr einen Pausentag verordnet.

Jessies Bemerkung über ihre Bequemlichkeit brachte mich zu meiner Erkenntnis von eben zurück. Das war es, worum es in unserer Arbeit ging: um Verantwortung. Für uns. Für alle, die noch kommen würden, unsere Kinder und Enkel und so weiter. Für diesen Planeten. Niemand konnte den Wunsch haben, ein Erbe zu hinterlassen, das nichts mehr wert war. Einen Scherbenhaufen. Bisher war all das nur eine abstrakte Vorstellung in meinem Kopf gewesen, ein Projekt, das es wie eine Übersetzung abzuwickeln galt. Doch nun verstand ich, dass dieses Projekt niemals »fertig« sein würde. Dass niemals der Augenblick kommen würde, an dem man den Schlusspunkt setzte und das Ganze ad acta legte. Man konnte aussteigen, abbrechen, aufgeben, aber es beenden – nein, das konnte man nicht. Dazu war es zu groß. Und gerade deshalb musste man es rasch in Angriff nehmen, ohne weiter kostbare Zeit zu verlieren: Damit es nicht noch größer wurde.

Ich blickte mich um. Wieder hatte ich das unerklärliche Gefühl, mit diesem Land schon immer verbunden gewesen zu sein. Als hingen wir beide an einer uralten Nabelschnur: Was dem einen schadete, schadete auch dem anderen. Ich spürte Weite, wann immer ich auf dieses Land sah. Hier oben auf meinem Felsen zum Beispiel, wo mein Blick nur an die Berge und den Himmel stieß. Ich begriff, dass wir all das behüten mussten. Dass sich nichts ungeschehen machen ließ, was wir schon getan hatten. Und dass wir die schlimmsten Raubtiere von allen waren.

Die anderen hatten schon einen ordentlichen Vorsprung, und ich beeilte mich, sie wieder einzuholen. Cila mochte es gar nicht, wenn einer von uns zu weit zurückblieb, und ich wollte lieber keinen Rüffel von ihr riskieren. Ihre Blicke konnten Blitze sein. Während ich von Fels zu Fels sprang, dachte ich daran, wie sich alles fügte. Ein Mosaiksteinchen reihte sich ans andere, zu einem Bild, das einen neuen Blick erlaubte. Auf mich. Auf mein Leben.

Auf der Hälfte des Weges, mit vierzig Jahren, war das gut zu wissen. Man drehte sich um und sah, dass man nicht mehr am Anfang stand, sondern schon weit vorangekommen war. Erschreckend weit, weiter, als einem lieb sein konnte, weil man sich doch noch genauso jung fühlte wie zu Beginn. In diesem Moment, wenn plötzlich von fern die Zielgerade ins Blickfeld rückte, wenn einem klar wurde, dass man tatsächlich einmal, irgendwann, die Ziellinie überschreiten würde, begann man zu suchen. Ob man wollte oder nicht. Man suchte nach einem Sinn oder Zweck oder einer Mission oder etwas anderem, das das eigene Leben in einen größeren Zusammenhang stellte. Um sicher zu sein, dass etwas von einem bleiben würde. Eine Spur, eine Erinnerung, eine Hinterlassenschaft. Hier in Afrika schien ich gerade etwas zu finden, das meiner Suche womöglich eine neue Richtung geben würde. Ich nahm mir vor, es nicht wieder aus den Augen zu verlieren.

An diesem Nachmittag erreichte uns auf der Rückfahrt nach Gorrasis ein Funkspruch aus Aandster. Schlechte Nachrichten. Einer der ausgewilderten Geparden, ein

Weibchen, war weit droben im Norden von NamibRand gesichtet worden, in der Nähe einer Lodge. Anstatt zu fliehen, hatte sich die Katze unter einem Busch niedergelassen. Dort war sie liegen geblieben und nicht wieder aufgestanden. Man hatte einen Wildhüter von der nächsten Rangerstation in Keerweder hinzugerufen, doch er hatte die Gepardin bereits »steif wie ein Brett« vorgefunden. John hatte das tote Tier mitgenommen, ins Kühlhaus verfrachtet und in N/a'an ku sê angerufen. Von dort aus hatte man Aandster verständigt.

Wir beschlossen, am nächsten Morgen nach Keerweder zu fahren, um das Tier abzuholen und ein paar Tage in Aandster zwischenzulagern, bis wir auf die Farm zurückkehrten. Dort würde man die Todesursache in einer Autopsie klären müssen, da sie äußerlich nicht festzustellen war. Die Strecke bis Keerweder und wieder zurück war lang und wir waren müde, daher würden wir die Zelte mitnehmen und dort die Nacht verbringen.

Zurück in Gorrasis versorgte Jessie ihre Blasen. Sie waren aufgegangen, sodass jeder Schritt höllisch wehtat. Wir gaben Jod und Blasensalbe darauf, damit sich die offenen Stellen in der Hitze nicht entzündeten. Cila empfahl Jessie, vorerst nur noch offene Schuhe zu tragen und darauf zu achten, dass die Wunden sauber blieben. Die Arme nickte und humpelte von dannen, um in ihrer Reiseapotheke nach Heftpflaster zu suchen.

Aber auch wir anderen bekamen zu spüren, dass unsere Arbeit vor allem eines war: ein Knochenjob. Den ganzen Tag auf der Pritsche eines Pick-ups zu stehen, Ausschau nach Tieren zu halten und im Buschmannschritt durch die Savanne zu hetzen ging an niemandem spurlos vorüber. Reihum hinkten wir alle mehr oder weniger, je nach Kondition, in unterschiedlichen Stadien der Muskelverkaterung umher. Ein Tag ohne Gewaltmarsch kam uns da gerade recht. Ich hatte den Verdacht, dass selbst Cila nicht unglücklich darüber war. Aber das hätte sie natürlich niemals zugegeben.

Jessie und Julie wollten sich ausruhen und blieben mit Gogga in Gorrasis zurück, und so brachen wir am nächsten Tag nach dem Mittagessen zu dritt Richtung Keerweder auf: Cila, Peter und ich. Es war ein Gefühl, als gehe es auf Klassenfahrt ins Landschulheim. Wir winkten zum Abschied, und schon waren wir mit uns allein.

Eine Zeit lang verlief die Straße parallel zur Grenze einer Farm. Hüben Weite und Wild, drüben Zäune und Vieh.

Cila rief nach hinten zu uns: »Hoffen wir, dass unsere Geparden nie auf die Idee kommen, die Straßenseite zu wechseln. Manche Farmer hier verstehen keinen Spaß. Sie haben gedroht, jede Raubkatze abzuschießen, die sich auf ihrem Land blicken lässt. Ob mit oder ohne Halsband.«

»Dann wäre sozusagen alles für die Katz gewesen«, witzelte ich matt.

Cila nickte. »Ja. Aber man muss auch die Farmer verstehen. Schließlich leben sie von ihrem Vieh oder dem Wild, das sie auf ihrem Grund und Boden züchten. Ich würde vielleicht auch nicht zuerst an Artenschutz denken, wenn ein Gepard eine Ziege nach der anderen aus meiner Herde schlägt. Oder Springböcke, in die ich soundso viele Namibische Dollar investiert habe. Ganz abgesehen davon, dass das Recht sowieso auf ihrer Seite ist. Sie dürfen jede Raubkatze töten, die auf ihrem Land Vieh reißt.«

Ich fragte: »Und was tut ihr, um das zu verhindern?«

»Wir fahren zu den Farmern und reden mit ihnen«, antwortete Cila. »Wir versuchen, Überzeugungsarbeit zu leisten.«

»Und – habt ihr Erfolg damit?«

Cila lachte ihr raues Reibeisenlachen. »Das kommt ganz auf die Farmer an. Einige sind noch vom alten Schlag. Ihr wisst schon – mein Land, mein Vieh, meine Raubkatze, mit der ich machen kann, was ich will. Und peng! Aber die Jüngeren denken allmählich um. Sie wissen, wie sensibel das Ökosystem hier ist und dass jedes Tier seinen festen Platz darin hat. Auch Geparden und Leoparden. Die Katzen sortieren schließlich die alten, kranken und schwachen Beutetiere aus und sorgen damit für eine natürliche Selektion. Mit anderen Worten: survival of the fittest. Wenn zu viele Geparden abgeschossen werden, gerät das ganze System aus dem Gleichgewicht. Die Beutetiere, die eigentlich selektiert werden müssten, fressen den anderen das Futter weg und schwächen die eigene Population.«

»Schön und gut. Aber damit ist den Farmern ja noch nicht geholfen«, gab ich zu bedenken.

»Richtig«, nickte Cila. »Deshalb lassen sich immer

mehr von ihnen etwas einfallen, um ihre Herden zu schützen. Ihre Herden und die Geparden.«

»Und das geht?«, fragte Peter.

»Das geht sogar überraschend gut. Manche Farmer enthornen zum Beispiel ihre Kühe nicht mehr, damit sie sich und ihre Kälber wieder selbst gegen Raubtiere verteidigen können. Die Erfahrung zeigt, dass sie das auch tun. Seither sind die Verluste der Rinderfarmer erheblich zurückgegangen.« Cila nahm den Fuß vom Gas und bremste, um zwei Perlhuhneltern mit ihren fünf Küken über die Straße zu lassen. »Bei Pferden und Eseln muss man sich etwas anderes einfallen lassen. Ihnen wachsen ja keine Hörner. Wenn Fohlen angegriffen werden, klagen sie nicht wie andere Tiere, deshalb hängt man ihnen nun Glöckchen um. Der Lärm alarmiert die Mutterstuten. Manchmal schlägt er auch den Angreifer in die Flucht. Noch bevor es die Stuten tun.«

Ich war beeindruckt. Alles, was man offenbar brauchte, waren ein paar Ideen, Verantwortungsbewusstsein und der gute Wille, das Gewehr im Schrank zu lassen. Ich dachte an unsere Arbeit auf der Farm und hier im Reservat. Ich fand, dass ich stolz darauf sein konnte, daran teilzuhaben. Mich für etwas einzusetzen, das mich so manchen Ringkampf mit meinem inneren Schweinehund kostete – einer Spezies, die auch auf lange Sicht sicher nicht vom Aussterben bedroht sein würde. Ich wusste, dass sich das hier lohnte. Entbehrungen und Strapazen und immer wieder die Auseinandersetzung mit mir selbst waren nicht umsonst.

Die Straße schien an dieser Stelle schon länger nicht mehr ausgebessert worden zu sein; Schlagloch reihte sich an Schlagloch. Peter lehnte sich nach vorn, damit Cila ihn durch das Gerumpel besser verstehen konnte. »Flo hat mal irgendwelche türkischen Hunde erwähnt, von denen manche Farmer ihr Vieh bewachen lassen. Stimmt das?«

Cila lachte. »Ja. Er meinte Anatolische Hirtenhunde. Das sind Herdenschutzhunde, die im anatolischen Hochland gezüchtet wurden, um selbstständig die Viehherden zu hüten. Sie sind sehr intelligent und dominant, anspruchslos, was Haltung und Ernährung betrifft, an heiße Sommer und kalte Winter gewöhnt, mutig und ziemlich hart im Nehmen. Ihnen liegt der Herdenschutztrieb im Blut. Man lässt die Welpen mit den Tieren aufwachsen, die sie später bewachen sollen. So werden sie auf sie geprägt und glauben, selbst zur Herde zu gehören. Es soll in der Türkei Hunde geben, die gegen Wölfe und Bären gekämpft haben, um ihre Herde zu verteidigen. Das Gleiche erhofft man sich hier in Namibia von ihnen: Sie sollen Geparden in die Flucht schlagen. Wenn man bedenkt, dass die Rüden manchmal mehr Gewicht auf die Waage bringen als Geparden, ist das gar nicht so abwegig. Dazu kommt, dass die Anatolischen Hirtenhunde unserem Klima optimal angepasst sind, weil es dem anatolischen so ähnlich ist. Ideale Ausgangsbedingungen also.«

»Das klingt in der Theorie ja sehr gut«, sagte ich. »Und wie sieht es mit der Praxis aus?«

»Es scheint tatsächlich zu funktionieren. Mitte der Neunzigerjahre hat der Cheetah Conservation Fund ein Zuchtprogramm für Anatolische Hirtenhunde ins Leben gerufen. Der CCF ist eine international anerkannte Organisation, die sich den Schutz der Geparden auf die Fahnen geschrieben hat. Die Farmer, die einen Hund erhalten haben, berichten von sehr guten Erfahrungen. Die Verluste bei Ziegen und Schafen sind mancherorts auf null gesunken! Auf diesen Farmen musste seither auch kein Gepard mehr sein Leben lassen.«

»Fast zu schön, um wahr zu sein«, bemerkte Peter. »Wenn das des Rätsels Lösung ist – warum holen sich dann nicht alle Farmer diese Hunde in ihre Herden?«

Cila schüttelte den Kopf. »So einfach ist es nun auch wieder nicht. Anatolische Hirtenhunde hüten keine Rinder, nur Ziegen und Schafe. Außerdem ist die Warteliste lang. Der CCF kann gar nicht so viele Welpen nachzüchten, wie Bedarf besteht. Und nicht aus jedem Welpen wird automatisch auch ein guter Herdenschutzhund. Man muss bereit sein, Arbeit und Zeit in seine Ausbildung zu investieren, und Zeit ist ja bekanntlich auch immer Geld. Hinzu kommt, dass man für jede Herde einen eigenen Hund braucht. Ich schätze, das schreckt manchen ab. Außerdem gibt es wie gesagt unter den Farmern immer noch einige Unbelehrbare, die ihrem Gewehr mehr trauen als diesen neumodischen Methoden.«

»Geht es denn nicht in die Köpfe dieser Leute, dass Geparden auch Devisen bringen? Dass sie Touristen in die Gästefarmen und Lodges locken?«, fragte Peter.

Cila zuckte die Schultern. »Wie gesagt: Dickschädel und Quertreiber gibt es überall. Die programmiert man eben nicht von heute auf morgen um. Und Wunder dauern sowieso immer länger …«

Sie gab wieder Gas. Die Fahrt ging gen Norden weiter, am mächtigen Massiv des Losbergs vorbei. Immer wieder kreuzten Steppenzebras und Springböcke unseren Weg. Von fern sahen wir Kuhantilopen und einmal einen Schakal, der über die Piste schnürte. Nach einer Weile tat sich wieder eine gelbe Ebene vor uns auf. Ein grüner Klecks verriet die Rangerstation. Keerweder. Wir waren da.

Als wir in den Hof einbogen, kam uns ein Mann in einem ausgewaschenen Hemd und Cargohose entgegen. Auf seinen braunen Locken saß ein Südwester. Die Augen blitzten spitzbübisch, der Rest des Gesichts versteckte sich hinter einem Vollbart. Sicher war der Mann zehn Jahre jünger und attraktiver, als er aussah.

Nach der Begrüßung – ein breites, ehrliches Zahnpastalächeln und ein Händedruck für jeden – kam John unverzüglich auf den Anlass unseres Besuchs zu sprechen. Er bat uns, einen Augenblick zu warten, und verschwand in einem Nebengebäude. Darin war das Kühlhaus untergebracht. Während wir auf seine Rückkehr warteten, dehnten und streckten Peter und ich uns. Nach der stundenlangen Fahrt auf der Pritsche war das bitter nötig. Es gab komfortablere Arten zu reisen.

Als John aus dem Kühlhaus trat, hielt ich vor Überraschung mitten in der Bewegung inne. In seinen Armen trug er ein Bündel, das in eine blau gemusterte Wolldecke eingerollt war. Für sich genommen war das sicherlich noch nicht staunenswert. Wäre da nicht der gelbschwarz geringelte Schwanz gewesen, der stocksteif seitlich daraus hervorragte.

Neben mir zog Peter hörbar die Luft ein. Cila schnalzte leise; es klang bedauernd. Ob ich einen Laut von mir gab, weiß ich nicht. Auch wenn ich mit einer toten Katze gerechnet hatte, war ich nicht auf diesen Anblick vorbereitet. Sich etwas vorzustellen ist eine Sache, die Wirklichkeit eine andere. Ich nestelte an meiner Kamera. Mit einer Mischung aus Neugier und Beklommenheit beobachtete ich, wie sich John in den Staub des Hofs kniete und das Bündel vor uns ablegte. Cila ging neben ihm in die Hocke. Zusammen schlugen sie die Decke zurück. Und da lag sie.

Als ich sie so vor mir sah, steckte ich die Kamera ins Etui zurück. Ich wollte kein Bild von ihr. Einen toten Menschen hätte ich ja auch nicht fotografiert. Sie war ein schönes Tier gewesen, das sah man immer noch. Wohlgenährt, das Fell in gutem Zustand. Die Hinterläufe waren angehockt, so als hätte sie sich eben erst niedergelassen. Der Kopf mit den halb geschlossenen Augen ruhte auf den Vorderpfoten. Vielleicht döste sie ja doch nur …

Cila und John streiften sich Einmalhandschuhe über und inspizierten den Kadaver. Infolge des Todes war Flüssigkeit aus Nase und Augen ausgetreten. Ansonsten machte er jedoch einen unversehrten Eindruck. Wunden oder Bissmarken, etwa von einer Schlange, waren nirgends zu entdecken. Anhaltspunkte für eine Krankheit gab es ebenso wenig.

»Vielleicht eine Vergiftung?«, meinte Cila.

John wog skeptisch den Kopf hin und her. »Sie war noch warm, als ich sie gefunden habe. Ich habe sie abgetastet. Keine Verhärtung im Bauchraum, kein Schaum vor dem Maul. Ich glaube nicht, dass eine Vergiftung in Frage kommt.«

»Wir werden sehen«, meinte Cila und zog die Handschuhe aus. »Wir nehmen sie mit und obduzieren sie auf der Farm.«

Er nickte. »Gute Idee, bin gespannt, was dabei herauskommt.«

Ich hätte die tote Katze gern berührt, hielt mich aber zurück. Solange Tollwut nicht ausgeschlossen war, musste man kein Risiko eingehen. Ich konnte den Blick nicht von ihr wenden. Sie sah wirklich aus, als würde sie schlafen. Doch sie würde nie mehr durch die Savanne streifen, nie mehr als gelber Geist im Buschgras umgehen. Ich hoffte, dass kein Mensch dafür verantwortlich war. Es hätte meinem Märchenland etwas von seiner Unschuld geraubt. Dabei war das doch schon längst geschehen. Wieder und wieder.

Wir zogen schwarze Müllsäcke über die Gepardin. Mit dem Kopf voran verschwand der Kadaver darin. Anschließend wickelten wir ihn wieder in die Wolldecke mit dem blauen Webmuster. Am Ende lugte nur noch der Schwanz hervor. Er wippte leicht auf und ab, als John das absonderliche Paket zurück ins Kühlhaus trug.

In der verbleibenden knappen Stunde Tageslicht schlugen Peter und ich unsere Zelte unter dem Vordach eines abgelegenen Nebengebäudes auf. Ich sah ihn einmal zum Himmel aufschauen und stutzen. Als ich seinem Blick folgte, wusste ich, warum. Wolken waren aufgezogen. Die ersten Wolken, die Namibia mir präsentierte. Hingetupft wie plüschige Wattebällchen. Sie verhießen einen spektakulären Sonnenuntergang. Und einen Wetterumschwung.

Cila wollte dennoch auf der Ladefläche des Pick-ups übernachten. »Wenn's zu kalt wird, besuche ich dich heute Nacht im Zelt«, lachte sie. Ich nahm es als Drohung. Cila war dafür bekannt, dass sie nicht gerade geräuschlos schlief.

Wir bekamen unseren Sonnenuntergang in Cinemascope und Technicolor. Großes Kino. Die Sonne tauchte die Wolken in flüssiges Gold, so als wollte sie sich mit einem meisterlichen Gemälde selbst ein Denkmal setzen. Dann, als es ihr nicht mehr gefiel, strich sie den Himmel in einer gewagten Mischung aus Taubenblau, Orange und Rot an. Ich hätte mich nicht gewundert, wenn eine Heerschar Putten herniedergepurzelt wäre. Bis mir einfiel, dass Afrika nicht der richtige Kontinent für kleine übergewichtige Barockengel war.

Als die Sonne am Ende ihrer Reise über den Himmel angekommen war, musste der Horizont nichts weiter tun, als sein gefräßiges Maul aufzusperren und seine Beute zu verschlingen. Und schon schlich auf samtenen Pfoten Dunkelheit nach. Sie leckte alle Farbe fort, bis am Ende das gesamte Firmament schwarz war. All das geschah schnell und lautlos. Und nach nicht einmal zwanzig Minuten war dieser Tag vergangen und vergessen.

John leistete uns nach alter Südwestersitte beim Essen Gesellschaft. Schließlich hatte er selten Besuch. Im Licht des Campingscheinwerfers saßen wir um die Feuerstelle, starrten in die Flammen und ließen uns von Cilas Geschichten unterhalten. Ich war bald müde und sagte als Erste Gute Nacht. Ich ging zum Auto hinüber, um meinen Kulturbeutel zu holen. Doch ich war rasch wieder zurück.

»Da ist ein Skorpion«, verkündete ich.

John fuhr wie von der Tarantel gestochen hoch. »Wo?«

Ich zeigte in Richtung Auto. Der Kegel des Campingscheinwerfers reichte gerade bis dorthin. Mit drei Schritten war John drüben. Wir folgten ihm und sahen gerade noch, wie etwas in das Halbdunkel unter dem Fahrzeug huschte.

»Das ist kein Skorpion«, sagte John. Die Erleichterung in seiner Stimme war nicht zu überhören.

»Nicht?«, fragte ich enttäuscht. »Was ist es dann?«

Er ging in gebührendem Abstand in die Hocke und warf einen Blick unter den Pick-up. »Eine sogenannte Solifuge. Also ein Sonnenflüchter. Eine Walzenspinne.«

»Spinne?« Plötzlich blinkte meine innere Warnanlage hysterisch auf.

»Ja.« Er nickte, ohne dieses Ding unter dem Fahrzeug aus den Augen zu lassen. »Sie sind nachtaktive Jäger und meiden das Licht. Deshalb die helle Farbe. Keine Angst. Sie ist nicht giftig.«

Ich atmete tief durch. Ich kann mir nichts Schlimmeres vorstellen als eine dicke, haarige Spinne, die über meinen Körper krabbelt. Das ist der Stoff, aus dem meine Albträume sind. Und nun jagte irgendwo zu unseren Füßen solch ein Tier herum. Gelblich weiß, fast transparent. Groß. Widerwärtig. Und faszinierend. Denn trotz aller Abneigung fühle ich mich auch von Spinnen magisch, magnetisch angezogen. Ich kam vorsichtig einen Schritt näher und beugte mich hinunter, um mir selbst ein Bild von der Spinne zu machen. Aber besser wäre natürlich gewesen, ich hätte es gelassen.

Als mein Schatten auf den Pick-up fiel, schoss das Tier plötzlich aus seiner sicheren Deckung hervor. Geradewegs auf mich zu. In Drohhaltung, die zwei langen Kiefertaster samt Vorderleib angriffslustig in die Luft gereckt. Den personifizierten Nachtmahr vor Augen, stieß ich einen Schreckenslaut aus. Wich reflexartig zurück. Zwei Schritte. Drei. Wie wild hämmerte es in meiner Brust. Und das Ding folgte mir. Ich machte noch einen Schritt rückwärts und noch einen. Das Ding folgte mir weiter. Trippelnd. Flink. Ich hatte nur einen einzigen Gedanken: Lauf! Leider hatte die Spinne ihn offenbar auch.

»John«, rief ich in Panik. »Tu doch was!«

Er lachte. Er lachte und weidete sich an meiner Not. »Du musst einfach stehen bleiben«, meinte er. »Sie will nur in deinen Schatten. Ihr ist es hier zu hell, das ist alles.«

Einfach stehen bleiben. Das sagte er so leicht. Aber das war nicht einfach. Das war schwer. Ich zwang mich, tief Luft zu holen. Und tatsächlich, die Angst wurde ein winziges bisschen kleiner. Ich beschloss, John zu vertrauen, und machte halt. Aber ich blieb auf der Hut. Wenn mir das Ding zu nahe kam, musste ich bereit zur Flucht sein.

Wie durch eine Nebelwand hörte ich Cila lachen. Wir gaben bestimmt ein hübsches Bild ab: ich und die Walzenspinne, die mich jagte. Wo steckte die wilde Frau nur? Wenn man sie brauchte, war sie wie vom Erdboden verschluckt. Erneut ermahnte ich mich zur Besonnenheit. Atmete ein und aus. Ein und wieder aus. Ließ das Ding nicht aus den Augen. Hielt stand. Ihm. Mir. Der Angst. Und spürte mit einem Mal, dass sie genau in diesem Augenblick da war. Hier bei mir. Die wilde Frau.

Während ich um Selbstbeherrschung bemüht war, wandte ich keinen Blick von dem, was ich so sehr fürchtete. Starrte darauf. Sah es mir genau an. Und plötzlich, vor meinen Augen, verwandelte sich dieses schreckliche Tier. Plötzlich war es kein namenloses Ungeheuer mehr. Es war eine Spinne. Nicht weniger und nicht mehr. Hässlich, wie Spinnen nun mal sind, aber nicht der Leibhaftige, der gekommen war, mich zu vernichten …

In diesen endlosen Sekunden vor dem Feind wurde mir klar, dass ich mir meine Dämonen selbst schuf. Ich war verantwortlich für diese Angst und niemand sonst. Was wiederum bedeutete, dass ich Macht über sie hatte und nicht umgekehrt. Ich schaute in diese kleinen schwarzen Augen und versuchte, der Kreatur vor mir ihren Schrecken zu nehmen. Sie als das zu betrachten, was sie war: ein Lebewesen, das meinem Schatten nur aus dem einen Grund folgte, weil es kein Licht ertrug.

Auch die Spinne begriff irgendwann, dass sie von mir nichts zu befürchten hatte, und so senkte sie zunächst den Leib, dann Kieferklauen und Taster. Während ich sie beobachtete, konzentrierte ich mich weiter auf meine Atmung. Ich wurde ruhiger und ruhiger. Ich kann von Glück sagen, dass ich damals noch nicht wusste, was ich heute weiß: Walzenspinnen sind für ihre Angriffslust bekannt und attackieren selbst viel größere Lebewesen. Dabei reiben sie die Kieferklauen aneinander, was ein furchterregendes Fauchen erzeugt. Und auch wenn sie keine Giftdrüsen besitzen, können ihre Beißwerkzeuge doch hässliche Wunden verursachen. Sie sind sehr kräftig und häufig durch Speisereste verkeimt, sodass sich die Bisse meist rasch infizieren. Schwere Blutvergiftungen und ein großflächiger Gewebstod in den betroffenen Bereichen sind nicht selten die Folge.

Da ich mich noch immer nicht bewegte, verlor die Spinne endgültig das Interesse an mir. Auf ihren acht Beinen trat sie den Rückzug in die Dunkelheit an, und bereits eine Sekunde später war sie aus dem Lichtkegel des Campingscheinwerfers verschwunden. Erst als mir der kühle Abendwind übers Gesicht fuhr, merkte ich, dass kleine Schweißtröpfchen auf meiner Oberlippe standen. Das Duell mit meinem Angstgegner war mir wie eine Ewigkeit vorgekommen; in Wahrheit konnte es nur wenige Augenblicke gedauert haben. John, Peter und Cila waren schon längst in eine Fachsimpelei über die giftigsten Spinnen, Skorpione und Schlangen dieser Breitengrade vertieft. Ich ließ sie reden. Sie konnten nicht wissen, dass ich gerade meinen schlimmsten Dämon niedergerungen hatte. Dann erst begriff ich, dass ich damit nicht die Spinne meinte. Sondern mich.

Ich verabschiedete mich noch einmal und ging hinüber zu meinem Zelt. Bleierne Müdigkeit befiel mich. So musste man sich nach dem Kampf mit dem Drachen fühlen, dachte ich, während ich in mein Zelt schlüpfte und sorgfältig sämtliche Reißverschlüsse zuzog. Ich legte keinen Wert auf vier- oder mehrbeinigen Besuch. Mein Bedarf an Mutproben war für heute gedeckt.

Als ich in meinem Schlafsack endlich die richtige Position gefunden hatte, wurde ich ganz still. Die Stimmen vom Lagerfeuer schienen an der Außenhaut des Zeltes abzuprallen. Hier drinnen war ich mit mir und der wilden Frau allein. Im Wegdämmern hörte ich sie flüstern, dass sie zufrieden mit mir sei. Dass ich mich wacker geschlagen hätte. Und dass man nun an die nächste Lektion denken könne.

Aber vielleicht war es auch nur der Wind, der draußen durchs Buschgras strich.

Trommeln

Zelt, inmitten der Nacht und des Schreckens

Hilfe – Hilfe –

Wo bin ich –

Was ist los –

Fremd – alles fremd –

Nicht daheim – Namibia – warum sitze ich denn – ich sollte schlafen – und warum – warum habe ich solche Angst –

Mir ist kalt – dies ist ein Zelt – kein Mensch da – die Rangerstation – Keerweder – tote Gepardin – eine Spinne – die wilde Frau –

Mein Herz trommelt – bis in den Hals – warum – ich weiß nicht – eine Faust hämmert in meiner Brust – will raus – mir ist schlecht – Unterzucker – niedriger Blutdruck – ich habe Angst – woher kommt das – keine Ahnung – ist da jemand –

Dunkel – ich kann nichts sehen – die Taschenlampe – wo ist sie, verdammt – komm schon, du musst irgendwo sein – in einem so kleinen Zelt verliert man doch nichts – da – ein Geräusch – ist das ein Tier? Ein Leopard? Cila? – Stille – nichts – ich bin ganz allein –

Es ist so eng – viel zu eng – ich brauche Luft – ich will raus – raus – mir ist heiß – Luft – ich kippe gleich um – helft mir – Cila – Peter – keiner da – ich werde verrückt – ich muss raus – bitte – lasst mich hier raus –

Ich ersticke – wie unter Wasser – ich will nicht ertrinken – der Reißverschluss – warum geht er nicht auf – bitte – frische Luft –

da draußen – los, komm schon – mach doch – es geht nicht – das kann nicht wahr sein – er rührt sich nicht – verhakt – wie festgewachsen – nichts zu machen – noch mal versuchen – nichts, wieder nichts – es ist zum Verzweifeln – gefangen – in der Falle – wie ein Tier – ich kann nicht weg – ich ersticke – bitte – bitte – nur das nicht – nicht ersticken – hilft mir denn keiner –

Ruhig – ich muss mich beruhigen – sonst wird es noch schlimmer – ja – ruhig Blut – nur ruhig Blut – tief atmen – wie bei der Spinne – vielleicht – vielleicht geht dann ja der Reißverschluss auf –

Ja – guter Plan – das muss ich versuchen – beruhige dich – ganz ruhig – setz dich hin – und immer schön atmen – tief weiteratmen – bleib weg vom Reißverschluss – hörst du – Finger weg – ich kann das – ja, natürlich – ich habe doch schon so vieles geschafft –

Komm, wilde Frau – hilf – lass du mich nicht auch noch im Stich – die Spinne – wie war das vorhin – nicht weglaufen – nur nicht weglaufen – aushalten – die Angst anschauen – also gut – atmen – immer schön atmen – nicht durchdrehen – anschauen – aushalten – ich sterbe schon nicht – nicht heute Nacht – warum auch – es ist alles in Ordnung – oder nicht – was hat mich nur so erschreckt – dass ich aufwache mit dieser furchtbaren Angst –

So ist es gut – Luft – endlich Luft – nicht vergessen zu atmen – ein – wieder aus – ein – wieder aus – dies ist kein Grab – ich kann hier raus, wann immer ich will – natürlich – vielleicht war es die Spinne – die Aufregung – ein Albtraum –

Von tief unten kommt diese Angst – ich dachte – dachte wirklich – ich muss sterben – ersticken – ertrinken – jetzt ist es schon besser – trommelt nicht mehr so laut – ich bin wieder bei mir –

die Panik wird leiser – sie macht so viel Lärm, wenn sie trommelt – man kann gar nicht denken – aber jetzt geht es wieder –

Der Reißverschluss – ich versuche es noch mal – er muss doch aufgehen – er muss einfach – was, wenn er es wieder nicht tut – bloß nicht daran denken – ausatmen – einatmen – immer schön gleichmäßig – ich schaffe das – es bringt mich nicht um – ich muss das doch können –

Los – also noch ein Versuch – ich kann das – ist das nicht lächerlich – ich kann diesen Reißverschluss öffnen – jetzt – weil ich es will – ich bin ganz ruhig – keine Panik – wo ist der Schieber – da – jetzt also – nur keine Aufregung – bleib ganz ruhig – ich schaffe das – zieh – zieh endlich – zieh!

Es geht – er bewegt sich – rutscht nach oben – es geht ganz leicht – wie Butter – als wäre es nie anders gewesen – weiter – weiter – und noch ein Stück – da kommt sie – frische Luft – huh, ist das kalt – egal – einatmen – ich lebe – danke – lieber Gott – wilde Frau – wer auch immer – ich bin noch da –

Geschafft – das Zelt ist offen – es war so einfach – unfassbar – diese Panik – vielleicht habe ich in die falsche Richtung gezogen – mein Fehler – wie kann man so dumm sein – und so viel Angst haben – wegen nichts –

Schnell draußen nachsehen – vielleicht war da wirklich ein Tier – ein Leopard – eine Hyäne – ich muss es wissen – nichts – Stille – nur ein Schakallachen – ganz fern – womöglich war er es – hat er mich erschreckt – hat hier herumgeschnüffelt – was weiß ich –

Was ist das – von da drüben – dort, wo der Pick-up steht – das ist – Schnarchen – Cila schnarcht – Cila – Gott sei Dank – sie lebt – aber warum auch nicht – alles ist gut – sie ist da – ich bin nicht allein – und am Leben –

Die Angst ist weg – ich muss nichts mehr fürchten –

Schlafen – ich will nur noch schlafen – ich bin so müde –

Ja, schlaf jetzt – es war nichts –

Der – dumme – Schakal – soll – er – doch – lachen –

Es – ist – vorbei –

Alles – ist – gut –

Gut – ja –

Alles –

ist –

wieder –

gut –

Ich erwachte in einen eiskalten Morgen hinein. Ich fühlte mich wie zerschlagen, alles tat weh. Der Schreck saß mir noch in den Knochen. Der Muskelkater. Und die klamme Kälte. Mühsam zog ich den Reißverschluss auf. Meinen alten Freund. Ich schnitt eine Grimasse. Vielen Dank für diese Nacht.

Mit klopfendem Herzen streckte ich den Kopf aus dem Zelt. Mir war schwindelig. Zu schnell aufgesetzt, wieder einmal. Es war schon hell. Trüb. Wolkenungetüme tanzten Samba über mir. Ich holte tief Luft, und sie hörten damit auf. Widerwillig. Der Himmel war so schlecht gelaunt wie ich.

Ich schälte mich aus meinem Schlafsack. Zähneklappernd schlüpfte ich in den Anorak und verließ das Zelt. Cila schlief noch auf der Pritsche des Pick-ups; es war ihr heute Nacht wohl nicht zu kalt geworden. Ich sah mich um. In Peters Zelt regte sich nichts. Auch vom Haupthaus drüben kein Lebenszeichen. Allein mit der Wüste und drei Springböcken, die einen Steinwurf entfernt von mir ästen, begrüßte ich den neuen Tag. Ich war froh, dass er sich endlich blicken ließ.

Doch der Horror der Nacht war noch nicht ausgestanden. War nicht spurlos an mir vorübergegangen. Heimlich, ohne dass ich es merkte, suchte er sich ein Versteck in mir, tief drunten, dort, wo der Verstand nicht hinreichte. In diesem Abgrund richtete er sich häuslich ein, um nicht wieder vergessen zu werden. Wechselte die Gestalt und verwandelte sich in einen Albtraum, damit er mich weiter heimsuchen konnte, Nacht für Nacht. Und jedes Mal, wenn ich mit trommelndem Herzen erwachte, verstört, erschrocken, ohne zu wissen, warum, sollte ich mich daran erinnern, was Angst ist. Dass sie mich mit Haut und Haaren auffressen konnte. Und dass es allein bei mir lag, ob ich es ihr erlaubte. Oder nicht.

Meinen letzten Albtraum sollte ich haben, als ich schon wieder zurück auf der Farm war. Ich kam zu mir, noch schlaftrunken, weil ich im Bett saß und nach dem Zelteingang suchte. Doch statt der Plane tastete ich Steinboden. Da wachte ich vollends auf. Und begriff, dass ich in Sicherheit war. Danach kehrte der Albtraum nie wieder. Ich weiß nicht genau, warum. Vielleicht, weil ich ihn verstanden hatte. Weil ich ihn nicht mehr brauchte.

An jenem Morgen in Keerweder krochen irgendwann schließlich auch Cila und Peter aus den Federn. Uns allen machte der Wetterumschwung zu schaffen. Peter hatte sich erkältet und hustete heftig. Plötzlich fühlte sich die Wüste fremd an. Unwirklich. Unwirtlich. Ihr freundliches Sonnenlicht fehlte mir. Wir sprachen nicht viel. Die Stimmung war gedrückt, keiner hatte Hunger. Entsprechend spartanisch fiel das Frühstück aus. Eine Tasse Kaffee, ein Stück Schokolade. Wir wollten nach Hause. Nach Gorrasis.

John holte die Gepardin ein zweites Mal aus dem Kühlhaus und legte sie auf die Pritsche des Pick-ups. Ein kurzer Händedruck, ein paar Worte zum Abschied. Als wir Keerweder verließen, schwamm die Sonne freudlos in einer dicken Wolkensuppe. Erst im Laufe der nächsten Stunde klarte es ein wenig auf, doch der Himmel blieb milchig.

Es war barbarisch kalt, der Fahrtwind schnitt uns wie mit Messern in Gesicht und Hände. Bald trug ich sämtliche Kleidungsstücke, die ich dabeihatte. Ich vermisste meine Handschuhe schmerzlich; sie lagen einige hundert Kilometer weiter nordöstlich auf der Farm in irgendeiner Tüte. Schon nach kurzer Zeit waren meine Finger im Fahrtwind so taub geworden, dass ich mir die Anorakärmel bis über die Hände ziehen musste. Ich tröstete mich damit, dass es noch früh am Morgen war. Bald würde es wärmer werden. Fröstelnd fiel mein Blick auf das Bündel in der blauen Wolldecke neben uns. Die Gepardin hatte es hinter sich. Sie war schon tiefgefroren.

»Habt ihr das Wildbuch dabei?«, rief Cila nach einer Weile.

Peter und ich sahen uns ahnungsvoll an. Er antwortete: »Ja. Warum?«

Sie lachte. »Weil ihr jetzt Wild zählen werdet.«

Wir protestierten nicht. Es hätte keinen Sinn gehabt. Ich übernahm die erste Schicht und bezog hinter der Fahrerkabine Stellung. Sofort peitschte mir der Wind ins Gesicht. Es fühlte sich wie eine schallende Ohrfeige an. Ich zog die Kapuze so weit zu, wie es eben ging, und setzte die Sonnenbrille auf, um meine Augen zu schützen. Es half ein wenig. Peter schrieb gewissenhaft auf, was ich ihm zurief. Dabei sah ich, dass auch er keine Handschuhe trug. Und er hustete wieder.

Es wurde nicht wärmer, wie ich gehofft hatte, sondern kälter. Den Tieren schien das nicht annähernd so sehr zuzusetzen wie uns. Wir zählten ungewöhnlich viele Oryxe, von den Springböcken gar nicht zu reden. Plötzlich stutzte ich und schaute nach vorn. Ich traute meinen Augen kaum. So etwas hatte ich noch nie gesehen. Das war kein Tier. Eine Erscheinung schon eher, fast gespenstisch. Denn dort, zwischen den Bergen, die die Ebene säumten, stand Nebel. Doch kein lockeres Gespinst, wie ich es aus unseren Bergen kenne, keine Fetzen, keine Schwaden. Eine Mauer. Eine weiße Mauer aus Nebel, klar umrissen, massiv und solide, wie hingestellt. Sie schien auf uns zu warten. Uns verschlucken zu wollen.

Natürlich gab es für dieses Phänomen eine naturwissenschaftliche Erklärung, die nichts mit Geisterspuk zu tun hatte. Leider. Vor der Küste Namibias fließt der antarktische Benguelastrom. Über dieser kalten Drift kühlt sich die Luft so weit ab, dass sie kaum noch Feuchtigkeit enthält. Erreicht sie dann die Küste, so erwärmt sie sich wieder und verliert dabei noch mehr Wasser. In der Folge entsteht Nebel, der ins Landesinnere drückt und im Winter kalte Luft vor sich herschiebt. Sehr kalte Luft, wie wir feststellen mussten.

Inzwischen waren wir schon einige Stunden unterwegs. Aus meinen tauben Fingern schien sich alles Blut zurückgezogen zu haben. Offenbar hatte mein Körper bereits begonnen, die Zirkulation in den Extremitäten einzuschränken, um sie im Notfall zumindest in den lebenswichtigen Organen aufrechtzuerhalten. Ich begann, ernsthaft um meine Finger zu fürchten. Es fühlte sich an, als würden sie mir langsam, einer nach dem anderen, abgeschnitten. Mit einem Messer, das nicht besonders scharf war, sodass es noch mehr schmerzte. Ich begann, die Hände abwechselnd zur Faust zu ballen und zu öffnen, wieder und wieder, um das Blut in die Kapillargefäße zurückzupumpen.

Ich wusste, dass meine Finger absterben konnten, auch wenn keine Minusgrade herrschten. Das Tückische war der Windchill. Er sorgte dafür, dass ich oben auf dem Ausguck den Fahrtwind um einiges kälter empfand, als er war. Sobald mir das klar wurde, gab ich meinen Posten auf und kauerte mich hinter die Aufbauten der Kabine. Ich pfiff auf die Wildzählung. Sofort war Peter an meiner Seite, als hätte er nur darauf gewartet, dass ich endlich den Anfang machte.

Ich hatte nur noch Kraft, meine Fäuste zu öffnen und zu schließen. Zu pumpen und zu pumpen. Doch es wurde nicht besser. Die oberen Fingerglieder waren mittlerweile rot. Sie sahen wie angemalt aus. Ich wertete es nicht als Zeichen der Besserung, sondern als fortschreitende Unterkühlung, da die Schmerzen nicht nachließen. Auch meine Zehen taten nun weh, nachdem ich sie längere Zeit nicht mehr gespürt hatte. Immerhin steckten sie in dicken Socken und den gepolsterten Trekkingstiefeln. Zum Glück, denn ich konnte mich nicht um sie kümmern. Meine Finger gehorchten mir längst nicht mehr.

Nach einer Weile wandte Cila den Kopf. »Warum zählt ihr nicht mehr? Was ist los?«, fragte sie schroff.

Mir war schlecht vor Kälte und Schmerzen. Ich fühlte mich schwach, steinalt wie eine Greisin. Ich hätte so gern geschlafen. Doch die wilde Frau war nicht müde. Sie wollte den Aufstand. Rebellion. Auch wenn sie damit vielleicht Cilas Unmut auf sich zog.

»Es ist viel zu kalt«, hörte ich sie mit meiner Stimme fauchen. »Wir müssen aufpassen, dass wir uns keine Erfrierungen holen. Wir können nicht weiterzählen.«

Es folgte keine scharfe Erwiderung, sondern ein Wunder. Cila entschloss sich zu schweigen. Kein Blitz aus ihren Augen, kein Rüffel. Nichts. Sie biss sich auf die Lippen und schluckte hinunter, was auch immer ihr gerade auf der Zunge lag.

»Kann Peter zu dir nach vorn kommen?«, fragte die wilde Frau etwas versöhnlicher. »Sein Husten klingt ziemlich böse.«

Cila nickte und trat auf die Bremse. Peter war krank und hatte keine dicke Jacke dabei. Ihm blieb nichts anderes übrig, als sich zu fügen. Nach einem matten Protestversuch kletterte er von der Pritsche und stieg auf den Beifahrersitz ins Warme.

Wir mussten nicht durch die Nebelmauer. Unsere Pad führte in eine andere Richtung, gen Süden. Doch das nahm ich kaum mehr wahr. Ich war leer. Dachte nichts. Funktionierte nur noch. Pumpen und Frieren und Durchhalten. Ich machte mich ganz klein. Krümmte mich zusammen, um der Kälte so wenig Angriffsfläche wie möglich zu bieten und den Körperkern zu schützen. Nach einer Weile ließ ich alles um mich her außen vor und richtete den Blick nach innen. Dort traf ich die wilde Frau. Sie sagte, dass alles gut werden würde. Dass ich das hier schaffen würde. Ich war zu mitgenommen, um ihr zu widersprechen.

Irgendwann, etwa hundert Jahre später, spürte ich endlich wieder ein Kribbeln wie von Tausenden Ameisen in meinen Fingern. Ich hatte nicht aufgehört zu pumpen, die Fäuste zu ballen und bang zu hoffen. Es war etwas wärmer geworden; hin und wieder konnte sich die Sonne für ein paar Augenblicke durch die Wolkendecke kämpfen. Sehr langsam floss das Blut zurück in Hände und Füße, und noch langsamer ließen die Schmerzen nach. Schließlich färbten sich meine Hände krebsrot. Diesmal nahm ich es als gutes Zeichen, auch wenn sie zunächst kaum zu gebrauchen waren. Aber meine Lebensgeister erwachten allmählich wieder. Die wilde Frau hatte Wort gehalten.

Endlich erreichten wir Aandster. Wir übergaben dem

Ranger unsere tote Gepardin, damit er sie bis zu unserer Rückfahrt auf die Farm im Kühlhaus aufbewahrte. Dann ging es zügig weiter. Wir wollten endlich heim. Irgendwann passierten wir Hardrock Café; dann noch die letzten Hügel umrundet, und unser Puppenhaus lag vor uns. Mein Blick krallte sich daran fest. Die paar hundert Meter bis dorthin fühlten sich wie der Einzug ins Gelobte Land an.

Jessie und Julie erwarteten uns schon. Als sie sahen, wie durchgefroren wir waren, gingen sie erst einmal in die Küche, um Tee zu kochen. Wortkarg folgten wir ihnen. Ich fühlte mich wie durch den Fleischwolf gedreht. Meine Knie zitterten, Hände, Füße und Gesicht taten weh. Ich hätte zwei Tage durchschlafen mögen. Cila sah das allerdings anders. Noch bevor wir unseren Tee ausgetrunken hatten, rief sie einen Putztag aus. Das Haus brauche eine Komplettreinigung. Heute. Ich konnte es nicht fassen. Aber sie ließ sich nicht umstimmen. Entnervt raffte ich ein paar alte Zeitungen zusammen und ging in unser Schlafzimmer.

Zeitungspapier hinterlässt kaum Schlieren auf Glas – auch das habe ich in der Wüste gelernt. Zuerst putzte ich aus Protest. Dann aus Wut. Wild entschlossen bearbeitete ich die Fenster mit dem Papier, als müsste ich die Erstarrung abschütteln, in der ich stundenlang auf der Pritsche gekauert hatte. Ich schrubbte und schrubbte. Und je mehr ich schrubbte, desto weniger wurden der Schmutz und die Wut. Immer zufriedener sah ich zu, wie sich beide nach und nach verflüchtigten. So lange, bis ich am

Ende gar nicht mehr ärgerlich war und jedes Fenster blitzblank. Und plötzlich stellte ich fest, dass ich aus Spaß putzte. Es ließ sich so gut dabei nachdenken. Mit mir ins Reine kommen. Innerlich aufräumen und entrümpeln. Und so nahm ich mir vor, von nun an öfter eine Einheit Putzen auf die Tagesordnung zu setzen.

Ich machte meinen Frieden mit diesem Tag. Er hatte mir eine andere Wüste vor Augen geführt. Eine, die nicht so sonnig war. Sie hatte ein wenig die Muskeln spielen lassen – nicht wirklich gefährlich, aber eindrucksvoll: Sieh her, ich kann dir Angst machen. Hör lieber nicht auf, dich wie ein Sandkorn zu fühlen, denn du bist nun mal ein Sandkorn … Für mich war diese Botschaft irgendwie tröstlich. Heilsam. Als würde etwas, das vor langer Zeit einmal aus dem Ruder gelaufen war, wieder in Ordnung gebracht. »Macht euch die Erde untertan« – damit hatte ich noch nie etwas anfangen können. Im Gegenteil, es nahm meist ein böses Ende, wenn man sich dem Gesetz der Wüste nicht beugte: Wisse, wer du bist und was du kannst, und unterschätze mich nicht … Hier stand ich und lernte meine Lektion. Ich hatte das Gefühl, mir die Wüste an diesem Tag erst wirklich verdient zu haben.

Eine Stunde vor Sonnenuntergang waren wir mit dem Hausputz fertig. Die Wolkendecke hatte Löcher bekommen; die letzten Sonnenstrahlen dieses Tages tasteten sich zu uns herab. Es war mittlerweile wieder merklich wärmer, und so setzten wir uns mit einem Glas Wein auf die Veranda. Auch Cila hätte allen Grund gehabt, müde zu sein, doch wie immer bereitete ihr das Stillsitzen Probleme. Nach fünf Minuten sprang sie wieder auf. Sie ging zu Gogga und wechselte ein paar Worte auf Afrikaans mit ihm.

Dann stand sie wieder vor uns. »Kommt jemand mit? Wir gehen auf den Hügel. Trommeln.«

»Trommeln?«, wiederholte Jessie.

Cila nickte. »Also – was ist?«

Peter hustete demonstrativ, Jessie stöhnte ein wenig und streckte die Beine von sich, und Julie schüttelte den Kopf. »Hier ist es gerade so gemütlich … Wir hören euch doch sicher auch von hier aus, oder?«

Cila nickte und wandte sich zum Gehen.

»Warte«, sagte ich. »Ich komme mit.«

Zehn Minuten später saßen wir auf dem Kopje, der sich hinter Gorrasis erhebt. Eine große Felsnase versperrte den Blick aufs Haus, sodass man den Eindruck gewinnen konnte, wir drei seien mit der Wüste mutterseelenallein. Die Wolken färbten sich bereits zartgolden. Es war Zeit. Der Tag wollte in den Schlaf getrommelt werden.

Cila und Gogga ließen sich auf zwei großen Felsblöcken einander gegenüber nieder und klemmten sich die Trommeln zwischen die Knie. Es waren Djembes, wie sie mir erklärte, traditionelle afrikanische Trommeln in der typischen Kelchform, die mit Ziegenhaut bespannt waren.

Trommeln sind die ältesten Instrumente der Menschheit, auch wenn sie keine Musik im eigentlichen Sinn hervorbringen. Sie ahmen die Rhythmen der Natur nach: das Klopfen eines Tok-Tokkie-Käfers, das Stampfen von Oryxhufen, das Rauschen der Wellen, den Schlag des Herzens … Vielleicht ist ja die erste Trommel der eigene Brustkorb gewesen, auf den jemand klopfte, wie es Gorillas tun? Dann, ein wenig später, höhlte man einen Baumstamm aus und spannte Antilopenfell darüber. Schlug darauf und entdeckte, wie weit dieser Laut trug. Der archaische Rhythmus der Trommeln hat Menschen zu allen Zeiten und an allen Orten der Welt bewegt. Dabei war dieser Tag bereits bewegt genug gewesen. Doch ich rief mir ins Gedächtnis, dass ich mich im Neugierigsein üben wollte. Also suchte ich mir einen Platz, von dem aus ich einen guten Blick über die Ebene hatte. Ich war so weit.

Dann von Gogga der erste Schlag. Er hing kurz allein und verwaist in der Luft, wie ein flügges Adlerküken, das noch nicht weiß, dass es mit einem Flügelschlag nicht weit kommt. Es dauerte keine Sekunde, bis ein zweiter Schlag kam, Cilas Antwort. Nach einer kurzen Pause wieder Goggas Frage, darauf Cilas Erwiderung, schneller diesmal. Dann eine rasche Folge von Flügelschlägen, ein Trommelwirbel, und der junge Adler breitete seine Schwingen aus. Erhob sich in die Lüfte, Schlag um Schlag. Stieg. Flog. Segelte. Entdeckte die Freiheit dieses Himmels. Ließ sich treiben, dem Abend entgegen. Noch ohne einen Gedanken, irgendwo ankommen zu wollen. Nur weiter. Weiter. Und immer weiter.

Hügel, Abschied vom Tag. Ein altes Lied
Zwei Stimmen haben den Adler geweckt … Trommeln sein Lied in die Wüste hinein, zu den Bergen und weiter, bis an die roten Dünen der Namib, falls die Luft so weit trägt. Doch die gelbe Ebene bleibt ungerührt, gleichgültig wie immer, ein großes Tier ohne jede Regung. Sie lässt sich nichts anmerken, als würde sie schlafen. Sie, die nie schläft.

Cila und Gogga erfinden gerade ein altes Lied. So oder so ähnlich hat die Wüste es bestimmt schon einmal gehört. Sie sprechen sich stumm über Blicke ab. Beginnen langsam: ta-tam – ta-tam. Es ist der Herzschlag des Adlers. Erst ruhig – ta-tam – ta-tam – dann etwas schneller – ta-tam ta-tam – er erhebt sich – noch etwas schneller – breitet die Flügel aus – schlägt – schneller und schneller – schraubt sich hinauf in die Wolken – sein Herz pocht, pumpt Blut in die Brustmuskeln, die die Schwingen bewegen –

Fliegen ist für den Adler noch neu – Aufregung – Abenteuer – und Herzklopfen – doch er wird immer besser – gleitet schon sicherer dahin – unter den Flügeln ein paar hundert Meter Nichts – nun wird er übermütig – probt den Sturzflug aus luftigen Höhen – Herzrasen, Trommelwirbel – noch übt er ja – fängt sich trotzdem gekonnt – Fliegen liegt ihm im Blut – er stoppt den Fall, bremst ihn ab – vollführt eine Schleife –

Das Hämmern wird gleichmäßig – er ruht sich aus – lässt sich tragen von der Luft unter den Schwingen – segelt im Aufwind ohne jede Mühe – der Flügelschlag träge – er muss gar nichts tun – sich nur treiben lassen – jetzt sinkt er ein wenig – wieder Herzklopfen – was hat er gesehen – Beute – einen Hasen – er schiebt sich vorwärts, dem Ziel entgegen – entschlossen – siegesgewiss – in seiner Brust ein Stakkato – schneller – die Jagdlust erwacht –

drängt ihn voran – auch die Beute ist schnell, wartet nicht – die Schläge der Flügel nun noch rascher – rastloser – rasend – in der Brust hämmert sein Herz, überschlägt sich – als geriete der Adler ins Trudeln, stürzte hinab – doch es ist kein Fallen, ein Hinabstoßen vielmehr – wie ein Pfeil, der sein Ziel sucht – er weiß, was er tut – mit diesem Wissen ist er geboren – Blut flutet ins Hirn, in die Flugmuskeln, die Klauen –

Dann macht die Zeit einen Satz vorwärts, Zeitraffer, atemlos, darüber laut das Schlagen des Herzens, der Flügel, in fliegender Hast geht es weiter, als gälte es das Leben, und so ist es ja auch, es ist nur nicht seines –

Kurz über dem Erdboden, über dem Hasen, fängt sich der Adler, spreizt die Flügel, steht senkrecht, fast schwerelos, rudert, teilt rauschend die Luft, packt zu, versenkt die Klauen in dieses Fell, das sofort reißt, greift tief in platzendes Fleisch, Knochen knackt, splittert, Fetzen fliegen, Lebenssaft spritzt, Angst schreit, im Blick schon den Tod, hier ist kein Entkommen, zwei Herzen trommeln, außer sich, irr, Pfoten kicken, werfen Erde auf, rot wie das Blut, suchen Halt, finden ihn nicht mehr, der Griff der Klauen ist eisern, endgültig, Krämpfe schütteln dieses Gehirn, das schon stirbt, und noch einmal Aufbäumen, Bündeln von Kraft, ein letzter Reflex, ein Flämmchen flackert auf, um sofort zu verlöschen, Läufe zucken, wieder und wieder, bis kein Blut mehr fließt, bis das Herz nicht mehr pumpt, zwei Augen brechen, während zwei andere, so scharf wie immer, nach einem sicheren Ort ausschauen, schon ist er erspäht, der Sieger umkrallt noch fester die Beute, stößt sich ab, schwingt sich hinauf, nicht ohne Anstrengung mit seiner Last, gewinnt an Höhe, tariert sich aus –

Und gleitet, einen Wimpernschlag später, erneut dahin – ein

König der Lüfte – gelassen schon wieder – der Herzschlag im Takt – gleichmäßig, beruhigt – unter sich Berge und Wüste – und in seinen Klauen erschlafft, blicklos, die geschlagene Beute –

Danach ist alles wie vorher und immer – nur ein Leben fehlt – es fällt nicht ins Gewicht – dort unten sind so viele Leben, keiner kennt ihre Zahl – die Wüste nimmt keinen Abschied – nur die Trommeln geben ein letztes Geleit – gleichgültig, langsam verebbend –

So endet es immer – und morgen ist wieder ein neuer Tag –

Ich nehme ein Stück Wüste mit mir, wenn ich gehe. Wird auch sie an mich denken? Wird sie mich im Gedächtnis behalten? Ich bin der Adler. Ich bin der Hase. Ich bin beide, und ich will, dass sie leben. Ich bin dieser Himmel, wolkenverhangen, und die rote Erde. Ich bin die Hitze des Tages und die Kälte bei Nacht. Ich bin die Wüste, und die Wüste ist ich. Wir alle sind eins, miteinander verbunden. Ein Atem, ein Leben, in vielen Gestalten. Für sich allein ist keiner, niemals. Was einer dem anderen tut, tut er auch sich. Das ist es, wovon die Trommeln erzählen.

Doch jetzt sind sie müde. Die Sonne steht tief über den Bergen, wir müssen hinunter, zurück, bevor die Leoparden auf Raubzug gehen … Ein letztes Duett, Frage und Antwort, noch einmal laut – dann immer leiser – verklingend – ein Raunen, ein Flüstern und Wispern – Verstummen – und endlich, vor glühendem Himmel – Schweigen

Der folgende Tag war unser letzter in NamibRand. Für den späten Nachmittag hatte sich Flo mit dem Leoparden und der Gruppe angekündigt, die uns ablösen sollte. Das Wetter hatte sich nicht wesentlich gebessert, aber es war etwas wärmer geworden. Ich versuchte, mir in den wenigen verbleibenden Stunden noch einmal alles genau einzuprägen: den Blick von der Veranda, das Geräusch des Windes im Buschgras und das Gefühl von Weite um mich herum. Doch der Abend kam viel zu schnell.

Kurz vor Sonnenuntergang quälte sich der Jeep mit dem Trailer im Schlepptau den Fahrweg herauf. Flo ließ die fünf Mädchen, die er mitgebracht hatte, vor dem Haus aussteigen und fuhr mit dem verhängten Leopardenkäfig die einhundert Meter bis zum Wasserreservoir weiter. Dort koppelte er den Trailer ab; Kolki sollte sich nach den Strapazen der langen Reise ungestört erholen können. Ich freute mich aufs Wiedersehen, auch wenn ich Flo gar nicht vermisst hatte. Als er dann vor mir stand und mich keines Blickes würdigte, keines Wortes, traf es mich dennoch nicht unvorbereitet. Ich kannte ihn besser, als ich geahnt hatte.

Wir zwängten uns zu zwölft um den Esstisch in der Küche. Während alle Spaghetti um ihre Gabeln wickelten, wurden Neuigkeiten von der Farm gegen Neuigkeiten aus der Wüste ausgetauscht. Unseren Nachfolgerinnen schienen unsere Erzählungen von Spinnen, Gewaltmärschen und Kälte ebenso suspekt zu sein wie Cila und ihre raubeinige Art. So verschreckt mussten auch wir an unserem ersten Abend ausgesehen haben. Damals, vor hundert Jahren und tausend Erfahrungen.

Der Tag der Auswilderung begann um fünf Uhr morgens. Überall im Haus drängten sich verschlafene Gestalten, jeder stand jedem im Wege. Es wurden nicht viele Worte gewechselt, dazu war es zu früh. Als das erste Licht in die Ebene kroch, sahen wir, dass die Berge nicht mehr da waren. Jemand hatte sie hinter einem dichten grauen Tuch verschwinden lassen. Es regnete.

Die Luft drinnen war ebenso dick wie die Nebelsuppe draußen. Cila verstand plötzlich überhaupt keinen Spaß mehr, und auch Flo lief mit versteinerter Miene herum. Für beide war es die erste Auswilderung eines Leoparden. Sie wussten nicht, was auf sie zukam. Leoparden fliehen nicht wie Geparden, wenn sie sich bedroht fühlen. Sie greifen an, gleichgültig, ob Tier oder Mensch. Flo hatte beim Anpassen des Sendehalsbands Kolkis Reißzähne vermessen. Sie waren mit über drei Zentimetern so lang, dass sie kleine Kontaktwunden in die untere Lefze gegraben hatten. Und auch seine Krallen konnten tiefe Wunden reißen. Niemand legte Wert darauf, Bekanntschaft mit diesen Mordinstrumenten zu machen.

Allmählich übertrug sich Cilas und Flos Nervosität auf uns. Wir bemühten uns, nicht im Weg herumzustehen, und sprachen nur das Nötigste. Um halb sieben endlich traf Arno, der Ranger aus Aandster, ein. In gedämpftem Ton hielten er, Cila, Flo und Gogga über der Karte ihre Lagebesprechung ab.

Anschließend bekamen auch wir unsere Anweisungen. Flo fand wie üblich klare Worte: »Sobald der Käfig in Position gebracht ist, seid ihr im Auto. Und ihr bleibt dort. Seht zu, dass alle Fenster und Türen geschlossen sind. Es wird nicht laut geredet. Am besten, es wird überhaupt nicht geredet. Und wenn Kolki das Auto angreifen sollte, will ich erst recht keinen Mucks von euch hören. Habt ihr mich verstanden?«

Wir nickten folgsam, und Cila gab das Zeichen zum Aufbruch: »Gut, dann weiß jeder Bescheid. Es geht los, Leute. Alle in die Autos.«

Vor der Haustür empfingen uns Regen und Kälte. Es goss wie aus Kübeln; freudlos und trist lag die Ebene vor uns. Märchenland war weit. Zum Glück hatte ich NamibRand zum ersten Mal an einem strahlenden Sonnentag zu Gesicht bekommen, dachte ich. An dieses Bild voller Licht würde ich mich immer erinnern.

Cila und Arno fuhren zum Reservoir, um den Trailer mit dem Leoparden an den Pick-up des Rangers anzukoppeln. Währenddessen quetschten wir uns zu zehnt zu Flo in den Jeep, den er für die Auswilderung gemietet hatte. Ich fand nur noch im Heckraum bei Gogga und einem der neu angekommenen Mädchen Platz. Ich musste an meine Panikattacke im Zelt denken, und mich beschlich ein mulmiges Gefühl. Die Heckklappe war von innen nicht zu öffnen. Um auszusteigen, mussten wir auf Hilfe warten oder über die Rückbank nach vorn zu einer der Seitentüren klettern. Keine beruhigende Vorstellung für den Fall, dass es schnell gehen musste. Ich redete mir gut zu. Was sollte schon passieren.

Arno setzte sich mit dem Trailer an die Spitze unseres kleinen Konvois; aus Rücksicht auf den Leoparden und die schwierigen Wetterverhältnisse fuhr er sehr vorsichtig. Wir folgten ihm ebenso langsam, während sich draußen die Welt anschickte unterzugehen. Der Regen prasselte in Salven hernieder, und obwohl der Scheibenwischer hektisch über die Windschutzscheibe fegte, wurde die Sicht kaum besser. Ich beobachtete Flos Gesicht im Rückspiegel. Er wirkte angespannt und sprach wenig. Ich wusste, dass ich ihm vertrauen konnte. Er war ein geübter Fahrer. Trotzdem ertappte ich mich bei einem Stoßgebet: »Lieber Gott oder großer Geist oder wer auch immer mir gerade zuhört, bitte mach, dass uns nichts passiert und dass wir heil ankommen. Wir bringen dir auch einen Leoparden mit.«

Ich zwang mich, ruhig weiterzuatmen, mich zu entspannen. Es half nur ein bisschen. Die Beklommenheit blieb. Wir ließen die Ebene hinter uns, und es ging bergauf. Arno hatte für die Auswilderung ein Hochplateau auf dem Horseshoe ausgewählt. Der Weg wurde immer steiler. Wir fuhren nun nicht mehr auf Sand, sondern auf Schotter und Steinplatten. Der Regen machte die Fahrbahn glitschig und glatt. Ich ließ Arnos Pick-up samt Trailer und Leopardenkäfig vor uns nicht aus den Augen. Wenn sie rutschten, würden sie uns in den Abgrund schieben. Mein Kopfkino spielte mir wüste Szenen vor, während der Regen den Soundtrack dazu trommelte: Der Jeep stand kurz davor, in Flammen aufzugehen, und ich war im Heckraum gefangen. Oder: Ich überlebte den Sturz in den Abgrund erst gar nicht …

Wie aufs Stichwort drehte einer unserer Vorderreifen durch. Er musste auf einer nassen Steinplatte den Grip verloren haben. Mein Herz machte einen nervösen Hopser, und ich klammerte mich an die Sitzlehne vor mir.

Genau das war es, worauf ich gewartet hatte. Ich dachte an das Erlebnis mit Bessy, unserem Jeep auf der Farm. Schon wieder … Flo ging sofort vom Gas und trat auf die Bremse. Der Jeep sackte zurück, nicht viel, aber doch spürbar. Flo zog die Handbremse an. Kuppelte, legte den ersten Gang ein. Dann nahm er den Fuß von der Bremse, löste die Handbremse und gab behutsam wieder Gas.

Ich nutzte die Gelegenheit, um mein Stoßgebet zu erneuern. Es half nichts. Der Reifen griff nicht, auch nicht beim zweiten und dritten Versuch. Immer wieder Gasgeben, Durchdrehen, Rutschen und Bremsen. Schließlich beschloss Flo, die Taktik zu ändern und kontrolliert zurückzurollen. Immer noch im ersten Gang löste er erneut die Handbremse und nahm ein wenig Gewicht vom Bremspedal. Einen winzigen Sekundenbruchteil lang hatte nur die Schwerkraft Macht über das Fahrzeug und uns. Dann war der Reifen von der Platte gerollt, und Flo bremste wieder. Diesmal fanden alle vier Räder Halt. Zu spät.

Denn die Angst hatte mich schon gepackt, hatte mir ihre Spinnenfinger ins Genick gekrallt, knochig und heiß, wie vor einigen Nächten im Zelt. Dieselbe Beklemmung. Übelkeit. Enge in der Brust. Das Gefühl zu kollabieren, zu ersticken. Überall Menschen um mich. Sie nahmen mir Platz weg. Luft … Luft! Mir brach der Schweiß aus. Mein Herz hämmerte wie irr gegen die Rippen. Es fühlte sich an, als gehörte es nicht zu mir. Als wäre ein Zwerg in meinem Brustkorb eingemauert, der verzweifelt versuchte, sich aus seinem Gefängnis zu befreien. Ich spürte seine Panik. Meine Panik. Ich wollte raus, einfach nur raus. War kurz davor durchzudrehen. Unmöglich, dieser Situation zu entkommen. Ich musste sie aussitzen, irgendwie. Die Angst überwinden. Mich … Ich fragte die wilde Frau, was wir tun sollten. Nein, ich fragte nicht. Ich schrie.

Weiteratmen, antwortete sie fast mütterlich. Einfach weiteratmen. Ein und aus. Ein und aus. Ich wusste mir keinen Rat mehr, darum tat ich, was sie gesagt hatte. Atmete durch den geöffneten Mund aus. Ließ die angestaute Luft entweichen. Pustete sie weg, diese hitzige Angst. Versuchte, mich nur darauf zu konzentrieren. Sah nicht mehr nach draußen, wo der Regen und der Abgrund drohten, nur noch nach innen. Ließ die wilde Frau nicht mehr aus den Augen. Beschloss, blind zu vertrauen – Flo, dem Jeep und dem Schicksal. Alles verdichtete sich auf diesen einen Augenblick, hier und jetzt. Was jemals gewesen war, war fern, ebenso wie das, was vielleicht kommen würde. Wenn überhaupt noch einmal etwas kommen würde.

Irgendwie konnte ich Jessie bitten, das Fenster zu öffnen. Es war meine Rettung. Mir genügte es schon zu sehen, dass es zehn Zentimeter nach unten fuhr. Mehr brauchte ich nicht: nur zehn Zentimeter Frischluft. Freiheit.

Die eiserne Klammer um meine Brust fiel ab. Ich war nicht mehr gefangen. Ich konnte wieder atmen … Musste sich der Leopard vor uns in seinem Käfig nicht genauso fühlen? Mit dem Unterschied, dass er keinerlei Ahnung hatte, was mit ihm geschah? Ich hätte ihm so gern zu verstehen gegeben, dass er nicht allein war.

Ich fühlte, wie sich der hämmernde Zwerg in meiner Brust ein wenig beruhigte. Die Übelkeit schwand, ebenso die Panik. Doch die Angst wollte noch ein bisschen bleiben. Schon hatten wir das steilste Stück hinter uns. Ein paar Serpentinen noch. Dann war es geschafft. Im Regen öffnete sich vor uns das Plateau. Trübsinnig lag es da. Hier, wo der Fahrweg endete, gab es nichts außer Steinen und einigen Akazien. Ihr Grün wirkte frisch und wie blankgewaschen vom Regen. Rechts stieg steil ein Abhang aus Geröll, Buschgras und Felsen an; das Gelände zur Linken war etwas flacher. Dazwischen öffnete sich der Blick auf weitere Gipfel und Anhöhen des Horseshoe-Massivs. Dies war Leopardenland: genügend Deckung, genügend Wild. Hier würde Kolki sich wohlfühlen.

Ich hatte nur noch einen Gedanken: der Sardinenbüchse zu entfliehen. Sobald Flo den Motor abgestellt hatte, drängte ich hinter den anderen nach draußen. Es war mir egal, ob ich nass wurde. Hauptsache, ich war nicht mehr eingesperrt.

Ich reckte das Gesicht gen Himmel. Danke, lieber Gott. Großer Geist. Oder wer auch immer meine Stoßgebete erhört hatte … Begierig sog ich die frische Bergluft ein. Kälte durchströmte mich. Ich fühlte, dass ich am Leben war. Die Angst war weg. Sie musste wasserscheu sein; schon beim ersten Regentropfen hatte sie Reißaus genommen. Aber natürlich wusste ich, dass sie mich wiederfinden würde. Irgendwann. Jederzeit.

Arno setzte den Trailer mit dem Käfig so nah wie möglich an den Hang zur Rechten zurück. Anschließend koppelte er mit Cila, Flo und Gogga den Trailer vom Pick-up ab. Keiner von ihnen sah sonderlich entspannt aus. Wir Volontäre blieben in der Nähe des Jeeps und beobachteten von dort aus die Vorbereitungen, da Flo uns verboten hatte, dem Käfig zu nahe zu kommen. Ich wusste besser als jeder andere, wie Kolki zumute sein musste, und war froh, dass er nicht auch noch von neugierigen Volontären bedrängt wurde. Aus dem verhängten Käfig drang kein Laut.

Nachdem Arno den Pick-up etwa zwanzig Meter entfernt abgestellt hatte, hievten die vier den Stahlkäfig vom Trailer. Er war schwer; immerhin saß darin ein Leopard von vierundvierzig Kilo. Dem die Schaukelei nicht sonderlich zu gefallen schien. Die ganze Zeit über war Kolki still gewesen. Gespenstisch still. So als wäre er gar nicht da. Doch nun hatte er genug von der Narkose, der langen Reise, den vielen Menschen mit ihren fremden Stimmen und Ausdünstungen und von seiner und ihrer Angst. Außerdem spürte er, dass noch etwas in der Luft lag, etwas, von dem er nicht wusste, ob es gut oder schlecht war. Und so brüllte er seine Gereiztheit heraus. Markerschütternd, kehlig, grollend.

Er verstummte erst, als die vier den Käfig auf dem Boden abgesetzt hatten und seine winzige viereckige Welt nicht mehr wankte. Ich konnte ihn förmlich vor mir sehen: in die hinterste Ecke gedrückt, mit wachsamem Blick und entblößten Reißzähnen. Doch ein Leopard, der sich bedroht fühlt, ist ein gefährlicher Leopard, und so hoffte ich, dass alles glattgehen würde. Sicher beobachtete nun auch er, wie der Rahmen hochgezogen wurde, in den die Käfigtür beim Öffnen laufen sollte. Das Seil, das Flo an der Tür befestigte, war so lang, dass es bis zum Pick-up reichte; von dort aus würde Cila den Öffnungsmechanismus betätigen. Die Tür würde hochfahren, und der Leopard müsste nur noch in die Freiheit hinausspazieren. Doch davon ahnte er nichts. Er wusste nur, dass wir ihn gefangen und in dieses Ding gesteckt hatten. Und er war auf der Hut, um seine Haut so teuer wie möglich zu verkaufen.

Der Regen wurde etwas heftiger. Wir kletterten wieder in den Jeep und schlossen alle Fenster. Noch eine kurze Besprechung, dann kehrten auch Arno und Cila, das Seilende in der Hand, in den Pick-up zurück. Flo und Gogga stiegen zu uns in den Jeep. Nach einem Blick in Flos Gesicht waren wir sofort mucksmäuschenstill. Es ging los.

Flo zeigte Arno den erhobenen Daumen. Zwei, drei Sekunden lang geschah nichts. Dann kurbelte Cila ihr Fenster auf der Beifahrerseite des Pick-ups herunter. Etwa zwei Handbreit, mehr nicht. Sie nahm das Seil in die Hand, das an der Käfigtür endete. Kein Laut war zu hören – nicht im Pick-up, nicht im Jeep, und auch im Käfig herrschte Ruhe. Genau in diesem Augenblick begann der Zwerg in meiner Brust wieder zu hämmern.

Cila zog. Das Seil spannte sich. Dann erfasste der Zug die Käfigtür. Setzte sie in Bewegung. Reibungslos, wie tausend Mal geübt, fuhr sie über die Schienen des Rahmens nach oben. Rastete ein. Und der Weg war frei. Der Leopard sah wieder eine Welt ohne Gitter. Ich stellte mir vor, wie seine Nase zuckte. Wie der Geruch des nassen Buschgrases sie kitzelte ... Doch nichts. Keine Bewegung, kein Geräusch. Nur atemloses Warten. Und Zeit, die grau und nass vom Himmel tropfte.

Es war kalt im Jeep. Die Windschutzscheibe beschlug in Sekundenschnelle, nachdem wir die Türen geschlossen hatten; nach vorn war praktisch nichts mehr zu sehen. Doch ich hatte Glück. Ich saß auf der rechten Seite, die dem Käfig zugewandt war, direkt am Fenster. Und dieses Fenster war noch klar.

Endlich regte sich etwas im Käfig. Dort, wo die Planen die Sicht nicht verdeckten, nahm ich eine Bewegung wahr. Der Zwerg in meiner Brust beschloss, einen Trommelwirbel zu üben. Trommeln, immer wieder Trommeln, dachte ich. Ein gefleckter Kopf tauchte in der Käfigöffnung auf, schob sich langsam ins Freie. Der Schädel wirkte massig, fast ein wenig plump. Ein forschender Blick aus Bernsteinaugen. Vorsichtig wirkte das Tier, achtsam. Das Sendehalsband mit der Antenne rückte ins Blickfeld. Erneut Innehalten. Verharren und Abwarten. Ein Blick zu uns, dann zum zweiten Fahrzeug hinüber. Schwacher Menschengeruch, in sicherer Entfernung. Und weiter. Samtpfotiges Vorwärtstasten. Scheu, unsicher. Dies war keine blutrünstige Bestie. Dies war ein Tier, das nicht wusste, wie ihm geschah. Der Leopard wollte nur noch fort, weg von uns, dorthin, wo die Freiheit war. Doch er wagte es nicht.

Plötzlich fühlte ich meine Oberlippe zittern. Tränen standen mir in den Augen. Eben waren sie doch noch nicht da gewesen. Ich drängte sie mühsam zurück. Keiner sollte sie sehen. Sie gehörten dem Leoparden.

Auf dem Horseshoe, früher Morgen. Auswilderung

Das ist es also. Das hat Rudie damals gemeint: Es gibt nichts Schöneres, als einem wilden Tier die Freiheit wiederzugeben. Man kann nichts festhalten. Kein Tier, keinen Augenblick, keinen Menschen. Nicht einmal sich selbst. Man muss loslassen. Alles fließt, immer. Nichts bleibt, wie es war. Und morgen ist man vielleicht selbst schon ein anderer …

Da steht der Leopard. Ich sehe förmlich, wie er denkt: Kann ich es riskieren? Den Käfig verlassen? Auf die Anhöhe klettern, die so sehr lockt? Er zögert. Wenn ich er wäre, würde ich laufen. So weit mich die Pranken tragen, weg von ihnen, ihrem Geruch, ihrem Käfig. Keine Gitter, nie mehr. Ich bin in der Wildnis zu Hause. Ich finde viele Verstecke. Und die Wüste ist groß. Was kann ich dafür, dass sie Vieh züchten. Fleisch ist Fleisch, und ich habe Hunger. Sie sagen, ich stehle. Dabei sind sie die Diebe. Sie nehmen sich Land. Wild. Meine Freiheit. Mein Leben. Es war anders gedacht. Als ein Geben und Nehmen. Heute der Springbock und morgen ich. Niemand wollte über dem anderen stehen. Ihn in Gefangenschaft zwingen oder unter ein Joch. Dann kamen sie und störten den Frieden. Ich will, dass es wieder wird, wie es war. Ich will nicht herrschen. Ich will keine Macht, keinen Reichtum. Ich will nur satt werden. Frei sein. Und leben …

Jetzt hat er entschieden: weg hier. Ein Sprung. Noch einer und noch einer. Nach vier, fünf Sätzen ist er auf der Hälfte des Hangs. Und schon zu Hause. Der Käfig liegt hinter ihm, in einem anderen Leben. Kurz hält er inne. Ein Blick zurück. Ruhig, gleichmütig sieht er auf uns herab. Es ist ein Abschied auf Leopardenart: Hütet euch, wenn wir uns wiedersehen … Dann dreht er sich um, nimmt den Rest der Anhöhe. Er ist oben. Und jetzt bereits über den Kamm verschwunden.

Lass es dir gut gehen, Kolki. Leb wohl. Und hoffentlich lang.

Zurück in Gorrasis verloren wir nicht viel Zeit. Wir hatten einen weiten Weg vor uns, und Flo drängte auf einen raschen Aufbruch. Der Abschied von Cila fiel mir schwerer als gedacht. Wir würden uns nicht wiedersehen. Bis zu meinem Heimflug waren es nur noch sechs Tage, und sie würde erst in einer Woche auf die Farm zurückkehren. Als wir uns umarmten, sagte Cila ungewohnt leise: »Ich werde nicht weinen.« Wir bissen die Zähne zusammen und brachten es zügig hinter uns.

Erst als wir um den westlichsten Ausläufer des Horseshoe bogen, verschwand der kleine, heftig winkende Punkt auf der Veranda aus unserem Blickfeld, und wir waren allein mit Flo. Seit seinem grußlosen Erscheinen gestern hatte ich nur das Nötigste mit ihm gesprochen. Ich fasste den Entschluss, seinem Verhalten nicht allzu große Bedeutung beizumessen. Ich hatte einer Spinne, der Kälte und meinen ärgsten Ängsten ins Auge geblickt.

Ein Mann mit seinen Eigenartigkeiten war da doch wohl mit Abstand meine leichteste Übung.

In Aandster nahmen wir unsere tiefgefrorene Gepardin in Empfang, und weiter ging es gen Norden. Im Laufe der Fahrt taute Flo merklich auf, und am Ende waren wir wieder die besten Freunde. Ich nahm es, wie es war. Ich musste nicht herausfinden, was ihn hatte fremdeln lassen, und verlor kein Wort darüber. Außerdem war ich viel zu sehr damit beschäftigt, die Schätze zu sortieren, die ich in der Wüste gesammelt hatte. Die Weite, den Blick der Gepardin und das Echo der Trommeln. Aber auch die Kälte an jenem Vormittag und die Angst im Zelt. Sie waren vielleicht sogar am kostbarsten für mich, weil ich ihnen die Stirn geboten hatte. Weil sie mich nicht in die Knie gezwungen hatten. Und schon in Maltahöhe, als unsere Handys Empfang meldeten und die erste Teerstraße auftauchte, als also die Welt uns wiederfand, begann das Heimweh nach der Wüste an mir zu nagen.

Wir erreichten die Farm erst, nachdem der Tag sich schon verabschiedet hatte. Ich kehrte mit gemischten Gefühlen zurück. Es war schön, wieder die vertrauten Gesichter und Tiere um mich zu haben, aber mussten wir Cila nicht morgen beim Tracken in Gorrasis helfen? Und wo waren unsere Berge und unsere Einsamkeit geblieben? Müde begann ich, unser Gepäck aus dem Jeep zu laden. Ich wollte nicht mehr denken müssen. Nur noch schlafen und hoffen, dass morgen beim Aufwachen die Sehnsucht ein bisschen kleiner sein würde.

Ein zweiter Wagen fuhr auf den Hof. Rudie saß am Steuer, neben ihm eine hübsche junge Frau. Das musste Marlice sein. Hatte Flo sie nicht »Tierflüsterin« genannt? Im Arm hatte sie einen kleinen blonden Jungen. Ihren Sohn. Ihr Fahrzeug zog einen Trailer mit einem Käfig; auch er war verhängt. Rudie setzte so zurück, dass der Trailer direkt vor dem Büro zu stehen kam. Es sah ganz so aus, als wollten sie ihn hineinschieben. Spärlich möbliert, wie es war, bot das Büro jede Menge Platz.

Rudie besprach sich mit Flo. Auch Marlice war unterdessen ausgestiegen; den Jungen hatte sie im Wagen zurückgelassen. Flo winkte uns zu sich. »Wir brauchen euch.«

In dem Käfig saß die kleine Duma: ein junges Leopardenweibchen, das auf der Nachbarfarm eingefangen worden war. Ich hatte sie schon ein paar Mal gefüttert. In unserer Abwesenheit hatte sich ihr rechtes Auge entzündet, und sie hatte einige Tage in der Tierklinik in Windhuk verbringen müssen. Nun aber schien sie über den Berg zu sein und konnte in ihr Gehege zurückkehren. Heute war es allerdings schon zu dunkel; sie würde im Büro übernachten müssen, wo sie vor anderen Raubtieren sicher war.

Wir verteilten uns rund um den Trailer und begannen, auf Rudies Kommando zu schieben. Selbst Marlice legte mit Hand an. Ich stand an einer der hinteren Ecken – dort, wo die Planen den Käfig nicht vollständig abdeckten und einen Streifen Licht durchließen. Während ich mich gegen den Trailer stemmte, fiel mein Blick in den

Käfig. Dort, mir gegenüber, kauerte Duma, an die Gitterstäbe gedrückt. Gelb blitzten ihre Augen auf, als sie mich ansah. Sie hatte Angst. Ich wandte den Kopf ab und schob mit aller Kraft weiter.

Nachdem wir Duma im Büro untergebracht hatten, stellten Jessie und ich das Gepäck in unserem Zimmer ab und gingen zum Essen. Lärm und Lachen schollen uns schon von weitem entgegen. Als wir die Lapa betraten, blickten wir in lauter fremde Gesichter. Ein feierfreudiges Partyvolk schien das Regiment übernommen zu haben; nur April, Emily und ein paar andere waren von der alten Riege übrig geblieben. Jessie und ich sahen uns an. Keine sprach es aus, aber wir dachten beide dasselbe: Was haben diese Aliens mit unserer Farm gemacht?

Mit einem schalen Geschmack im Mund ging ich zu Bett. Ich wünschte mich weit weg, ein paar hundert Kilometer Richtung Südwesten in ein kleines Haus mitten im Nirgendwo. Ich hatte Heimweh nach Buschgras und Weite und dem einfachen Leben. Dann fiel mir die kleine Leopardin wieder ein. Wie fremd und verlassen musste sie sich erst drüben in ihrem Käfig fühlen.

Plötzlich hörte ich eine Stimme. Es war die wilde Frau. »Siehst du, das hast du Afrika zu verdanken.«

»Was habe ich Afrika zu verdanken?«, fragte ich.

»Erinnerst du dich? Das einfache Leben hier auf der Farm hat dir am Anfang überhaupt nicht gefallen. Alles war dir zu primitiv und …«

»Aber das ist doch schon hundert Jahre her«, protestierte ich.

»... zu primitiv und zu unkomfortabel«, fuhr sie ungerührt fort. »Wie unter Wilden hast du dich gefühlt. Und jetzt kann es dir plötzlich nicht einfach genug sein.«

»Na und?«, gab ich zurück. »Man wird doch wohl seine Meinung ändern dürfen.«

»Du brauchst dich gar nicht als Hüterin der reinen Lehre aufzuspielen, nur weil du zufällig vier Wochen lang namibisches Landleben geschnuppert hast«, rügte sie mich. »Oder dich über das Partyvolk beschweren, wie du es nennst. Du wirst nach Hause fliegen und ein paar Tage oder meinetwegen auch Wochen der Farm nachtrauern, und dann wird sich der Alltag einschleichen. Du wirst es wieder sehr bequem finden, um die Ecke in den Supermarkt oder die Kneipe gehen, jederzeit telefonieren und im Internet surfen zu können. Und deine Zivilisationsdiät und dein einfaches Leben werden nur noch eine Erinnerung sein, die mit der Zeit immer mehr verblasst.«

Ich hatte das Gefühl, mich verteidigen zu müssen. »Und wenn schon! Was ist daran so verwerflich?«

»Nichts.« Sie zuckte die Achseln. »Gar nichts. Ich will nur nicht, dass du dich auf die falschen Dinge konzentrierst. Oder anders gesagt: Mach dir lieber klar, was die richtigen Dinge sind. Die wichtigen Dinge.«

»Und was sind die richtig wichtigen Dinge?«

»Denk doch mal nach. Was wirst du mitnehmen aus Afrika? Was davon wird dir auf Dauer bleiben? Wird dir überhaupt etwas bleiben, oder werden sich deine Einsichten nach und nach in Luft auflösen, während du allmählich in den alten Trott zurückfällst, und alles wird wieder sein wie zuvor – so, als wärest du nie weg gewesen?«

Mir gefiel ihr Ton nicht. Niemand durfte Namibia kleinreden, nicht einmal die wilde Frau. Vielleicht hatte sie ja Angst, dass ich sie hier lassen könnte. Die dumme Kuh, dachte ich lächelnd. Sie meinte es nicht böse, das wusste ich. Außerdem war ihre Frage durchaus berechtigt. Würde das, was ich hier gelernt hatte, einen Platz in meinem Leben finden? Würde es mich wirklich verändern? Oder würde ich es wie ein x-beliebiges Reiseandenken ins Regal stellen und vielleicht anfangs noch hin und wieder in die Hand nehmen, um mich schließlich daran sattzusehen und es am Ende nicht einmal mehr abzustauben?

»Lass dir Zeit«, meinte sie, als sie sah, dass ich ins Grübeln geriet. »Es muss nicht heute sein. Du wirst es wissen, wenn es so weit ist. Und mach dir keine Sorgen. Partyvolk hin oder her – es ist und bleibt deine Farm. Niemand nimmt sie dir weg.«

Das war gut zu hören. Meine Farm. Ich durfte sie behalten. Sie und meine Schätze. Was ich mit ihnen anstellen würde, konnte ich mir immer noch überlegen … Mir kam der gelbe Blick der kleinen Leopardin wieder in den Sinn. Er war mein jüngster Schatz, noch keine zwei Stunden in meinem Besitz. Ich beschloss, ihn in den Schlaf mitzunehmen.

Aber ich träumte ohnehin schon längst.

Die Andere

Die letzten Tage in Namibia brachen an. In den vergangenen Wochen hatte ich nur selten an zu Hause, an meine Arbeit, meine Familie und Freunde gedacht. Und auch jetzt blieb die Vorstellung, in meinen Alltag zurückzukehren, seltsam abstrakt. Er erschien mir wie eine unwirkliche Parallelwelt, die achttausend Kilometer weit entfernt existierte – in einem anderen Leben, das gerade nicht an der Reihe war und mir auch nicht fehlte. Nur gegen einen knackigen Salat hätte ich nichts einzuwenden gehabt. Der Koch in der Lodge gab sein Bestes, aber mit Balsamicodressing stand er auf Kriegsfuß.

Am Morgen nach unserer Rückkehr führte mich mein erster Weg zum Käfig der kleinen Paviane. Bakkies erkannte mich, noch bevor ich *Lalelu* angestimmt hatte. Mit seinem Schnuller kam er an den Zaun und streckte mir seinen schwarzen Zeigefinger durch den Maschendraht entgegen. Die Welt war in Ordnung.

Beruhigt nahm ich nach dem Morgenmeeting mit Julie, Peter, Flo und Gogga die Arbeit wieder auf. Wir fuhren auf die Nachbarfarm, um nach Gepardenspuren zu suchen. Flo ließ den Pick-up an der Pad stehen und führte uns auf eine von Büschen und Bäumen durchsetzte felsige Anhöhe. Von dort aus hatten wir einen weiten

Blick ins Land hinein. Ein idealer Beobachtungsposten für Raubkatzen auf Beutezug. Wir verteilten uns und durchstreiften das Gelände.

Vor Flo hätte ich es natürlich nicht zugegeben, aber ich hielt nicht nach Gepardenspuren Ausschau. Ich hatte es auf die zahllosen weißen Quarzkristalle abgesehen, die hier überall verstreut lagen. Und bald hatte ich tatsächlich einen besonders schönen Stein gefunden. Mit etwas Fantasie konnte man darin ein kleines Herz erkennen. Wie passend. Ich hatte mein Herz ja auch hier in der Gegend verloren.

Da durchschnitt Peters Stimme die Stille: »Eine Schlange!«

Sein Ruf klang weder erschrocken noch ängstlich. Schon eher neugierig. Ein paar große Findlinge lagen zwischen uns und versperrten mir die Sicht. Vergessen waren die Quarze. Ich musste hinüber zu Peter. Zu der Schlange.

»Stop!«, kommandierte Flo, als wir von allen Seiten angelaufen kamen. »Ihr bleibt, wo ihr seid! Wenn eine Schlange in der Nähe ist, rennt hier niemand durch die Gegend!«

Wir gehorchten augenblicklich. Gut abgerichtet, dachte ich und machte einen langen Hals. Zur Salzsäule erstarrt, blickte Peter unverwandt auf eine Stelle zu seinen Füßen. Flo näherte sich ihm vorsichtig und blieb in gebührendem Abstand stehen, um das Reptil nicht noch mehr zu reizen.

Nachdem er die Schlange einen Augenblick lang betrachtet hatte, sagte er mit gedämpfter Stimme: »Herrschaften, damit ihr wisst, mit wem wir es zu tun haben: Das ist eine Puffotter. Sie bläht sich wie Puffreis auf, um größer zu wirken, daher der Name. Eine Puffotter flüchtet häufig nicht wie andere Schlangen, wenn sie sich bedroht fühlt. Die meisten Giftschlangenbisse in Afrika gehen auf ihr Konto. Mit der Giftmenge, die sie auf Lager hat, kann sie uns alle fünf locker ins Jenseits befördern. Das Gift zerstört die Blutgefäße und verursacht starke Gewebsblutungen. Kein schöner Tod, das dürft ihr mir glauben. Also: Meinetwegen könnt ihr sie euch anschauen, aber von genau hier aus und keinen Schritt weiter. Und niemand kommt auf die Idee, ihr den Fluchtweg abzuschneiden. Verstanden?«

Flos Kurzvortrag war eindrucksvoll, tat unserer Neugier aber keinen Abbruch. Langsam, wie er angeordnet hatte, kamen wir näher. Die Puffotter lag auf einer Steinplatte. Sie wirkte plump und dicklich – nicht so elegant und grazil wie andere Schlangen. Lang wie mein Arm, hatte sie einen hellen Bauch und einen braungrauen Rücken mit dunklen, fast geometrischen Zeichnungen. Ihren Kopf konnte ich nicht sehen. Sie schien nicht gerade versessen auf unsere Bekanntschaft zu sein und hatte den Rückzug angetreten. Unter einem nahen Felsen rollte sie sich ein und rührte sich nicht mehr.

Ich kenne Menschen, die schon grün im Gesicht werden, wenn nur das Wort »Schlange« fällt. Zu ihnen gehöre ich nicht. Ich habe einen gesunden Respekt vor diesen Tieren, besonders wenn sie ein solch potentes Gift verspritzen wie unsere Puffotter. Doch das hindert mich nicht daran, ihre fremdartige Schönheit zu bewundern. Nur zu gern hätte ich die Schlange näher in Augenschein genommen.

Flo schien es ähnlich zu gehen. Er kletterte auf den großen Felsen nebenan. Von dort aus konnte er einen Blick auf das Versteck der Puffotter in dem schmalen Durchlass zwischen den beiden Findlingen werfen, ohne ihr zu nahe zu kommen. Als er sich davon überzeugt hatte, dass keine Gefahr drohte, winkte er mir, ihm zu folgen. Oben angekommen, musste ich ein wenig den Hals verdrehen, bis ich die Schlange entdeckte. Ihr Kopf war dreieckig, die kleinen Augen wirkten ausdruckslos und kalt. Böse, in menschlichen Begriffen gesprochen. Aber Schlangen wissen ebenso wenig, was das ist, wie sie für den Sündenfall verantwortlich sind. Sie haben eben nur keine Mimik.

»Los, komm, lassen wir sie in Ruhe«, sagte Flo und sprang zu Boden. »Gogga hat eine Gepardenspur entdeckt. Wir müssen sie markieren.«

Bevor ich es ihm gleichtat, warf ich von meinem erhöhten Posten aus noch einen letzten Blick auf den Busch unter uns. Mir graute ein wenig davor, diese Landschaft wieder gegen die Enge Deutschlands, gegen den Häuserwald meiner Stadt eintauschen zu müssen. Nachdenklich ging ich zu der Stelle, an der ich meinen Herzstein deponiert hatte, zusammen mit ein paar schwarzweißen Stacheln vom Stachelschwein, die hier überall zu finden waren. Wie lange würde es wohl dauern, bis ich vergessen hatte, wie der wilde Thymian roch, wie der Lärmvogel schrie oder sich das Buschgras anfühlte, wenn man darüber strich? Ich sah auf den Stein und die Stacheln in meiner Hand. Für mich waren sie keine gewöhnlichen Souvenirs, die man auf Reisen an jeder Ecke kaufen konnte. Diese Trophäen hatte ich mir verdienen müssen, und die wilde Frau hatte mir dabei geholfen. Ich versprach ihr hoch und heilig, dass ich zu Hause einen besonders schönen Platz dafür suchen würde.

An diesem Abend fand in der Gästelodge, die zur Farm gehörte, ein Büfett statt, zu dem alle Volontäre und Koordinatoren eingeladen waren. Solche Lodge Nights wurden regelmäßig veranstaltet und stellten eine willkommene Abwechslung im arbeitsreichen Farmalltag dar. Wie die meisten Lodges in Afrika ist auch diese luxuriös ausgestattet, jedoch nicht im rustikalen Gutsherrenstil, sondern eher nüchtern-modern. Allerdings gab es auch hier keine Heizung. Ich fror erbärmlich und zog den Anorak gar nicht erst aus.

In der Lobby wurde Schmuck verkauft, den die San angefertigt hatten. Meine Wahl fiel auf eine schlichte Halskette; an einem schwarzen Band war ein rechteckiges Plättchen aus Knochen befestigt, in das eine stilisierte Gepardentatze gestanzt war. Ich behielt sie gleich an.

Gegenüber, an der Bar, war ein Angestellter mit dem Ausschank beschäftigt. Er hatte alle Hände voll zu tun.

Ich sah mich um, als wäre ich im Zoo. Überall chronisch gut gelaunte, viel zu laute Volontäre. Ich hatte mich noch immer nicht wieder eingelebt. Bei mir wollte einfach keine Partylaune aufkommen, auch wenn ich mir dabei wie eine miesepetrige Spielverderberin vorkam. Ich wünschte mir sehnlichst die Stille der Wüste herbei. Während die anderen den Abend erst einläuteten, begann ich bereits müde zu werden. Aber womöglich war ja ich das Problem? Ein vielsagender Blickwechsel mit Jessie, Julie und Peter beruhigte mich wieder. Ihnen ging es genau wie mir. Die Wüstenheimkehrer wollten ihre Einsamkeit zurück.

Nach dem Essen versammelten sich alle um die Bar. Hier traf ich auch Marlice und Rudie wieder. Zum ersten Mal hatte ich Gelegenheit, ein paar Worte mit der Farmbesitzerin zu wechseln, und ich wurde wieder munterer. Ich war überrascht, wie freundlich und bescheiden sie war.

Sie deutete auf meinen Hals und zwinkerte mir zu. »Hübsche Kette.«

»Danke. Ist sozusagen noch frisch. Gerade gekauft.«

»Das Schwierigste sind die Löcher für die Tatze«, lachte sie. »Meine Güte, wie viele Knochen habe ich am Anfang kaputt gebohrt. Man darf nicht zu viel Druck ausüben, das ist das Geheimnis. Aber mit der Zeit bekommt man Übung.«

»Du bastelst die Ketten selbst?«, fragte ich.

Sie nickte. »Ja. Es macht Spaß, und es bringt Geld für unser Buschmannprojekt.«

»Ich habe gehört, dass wir einen Neuankömmling haben«, sagte ich. »Einen kleinen Geparden.«

»Ja. Lucky«, erwiderte sie. »Leider.«

»Wieso leider?«

Marlice seufzte. »Weil wir uns nicht um sie kümmern müssten, wenn sie nicht in ein Fangeisen geraten wäre. Ein Farmer hat sie uns gebracht, weil die Verletzung einfach nicht heilte. Ich will gar nicht wissen, ob er das Fangeisen selbst ausgelegt hat. Wir mussten den linken Hinterlauf amputieren. Eine Auswilderung kommt unter diesen Umständen natürlich nicht mehr in Frage.«

»Und was jetzt?«, fragte ich.

»Jetzt machen wir eben einen glücklichen Geparden in Gefangenschaft aus ihr«, erwiderte Marlice. »Es bleibt uns ja nichts anderes übrig. Im Moment pflegen wir sie noch bei uns im Haus. Aber bald werden wir ihr ein eigenes Gehege bauen und sie an andere Geparden und Menschen gewöhnen. Und wer weiß, vielleicht gibt's für unsere Lucky ja auch mal etwas zu tun.«

Cila hatte erzählt, dass Marlice Tiere für Filmproduktionen trainierte. Aiko, Kiki und Aisha besaßen bereits Kameraerfahrung. Womöglich hatte sie Ähnliches mit Lucky vor.

Als hätte Marlice meine Gedanken erraten, nickte sie. »Man kann nie wissen. Und wenn nicht, dann wird sie eben ein ganz gewöhnlicher dreibeiniger Gepard.«

Wir lachten. Und wirklich: Einige Monate später sollte Volkswagen Südafrika bei Marlice anrufen. Man hatte von ihr und Lucky gehört, und zufällig passte ihre Geschichte haargenau in das neue Werbekonzept des Automobilkonzerns. Bald darauf begannen auf der Farm die Dreharbeiten zu einem TV-Spot. Und so wurde Lucky der erste Gepard der Welt, der auf drei Beinen Werbung für einen Mittelklassewagen machte.

Auch dieser Abend ging vorüber, und danach schienen die Tage noch viel schneller als bisher zu verfliegen. Die Abreise rückte näher und näher. Während wir weiter im Stechschritt durch den Busch liefen, Käfige schrubbten, die Raubkatzen fütterten und die Datenbanken auf den neuesten Stand brachten, lag schon ein Hauch von Abschied in der Luft. Bei allem, was ich tat, fragte ich mich, ob ich es zum letzten Mal tat.

Ich fürchtete mich von Herzen davor, den Tieren Lebewohl zu sagen. Würde ich jemals wieder einem schnurrenden Geparden die Ohren kraulen oder einen kleinen Pavian vor der Nacht beschützen? Ich hatte Angst, dass ich alles, was ich über den Busch und die Wüste, die Tiere und mich gelernt hatte, wieder vergessen könnte, sobald ich zurück in meinem Alltag wäre. Doch dann sagte ich mir, dass ich es selbst in der Hand hatte, die Erinnerung lebendig zu halten. Die wilde Frau würde schon dafür sorgen.

Und dann war er da: der letzte Tag. Der gepackte Koffer stand im Zimmer, neben dem von Jessie, der noch geöffnet war. Ich warf einen neidischen Blick auf das Chaos darin; sie würde erst am nächsten Tag abreisen. Ich vermisste sie schon jetzt. Wie schnell man in ein paar Wochen zusammenwachsen konnte, wenn man gemeinsam fror, arbeitete und lachte. Mit flauem Magen und der üblichen Tasse Kaffee in der Hand ging ich zu den kleinen Pavianen. Unwiderruflich zum letzten Mal Frühstücksfernsehen. Entsprechend brüchig geriet mir das *Lalelu*. Bakkies nahm es nicht weiter übel und schlug ein Rad nach dem anderen. Immer wieder kam er zu mir und steckte seinen schwarzen Zeigefinger durch den Maschendraht, bevor er wieder davontollte. Nicht auszudenken, was ich morgen und an allen weiteren Tagen meines Lebens ohne ihn tun sollte. Weitermachen, nahm ich an. Irgendwie.

Dann das letzte Morgenmeeting. Ich hatte darum gebeten, noch einmal zu den Geparden zu dürfen, daher lieh Flo mich an Jos Gruppe aus. Er hatte für seine Volontäre wieder einmal einen kleinen Gewaltmarsch durch den Busch angesetzt und konnte nicht sagen, ob sie rechtzeitig zur Fütterung zurück sein würden. Noch ehe ich bis drei zählen konnte, fand ich mich daher mit April, Emily und Jessie in der Futterküche wieder. Mir fiel der Schnitt an meinem Zeigefinger wieder ein. Ich warf einen Blick darauf. Die Wunde war längst zu einem feinen roten Strich verheilt. Wehmütig musste ich daran denken, wie viel damals noch vor mir gelegen hatte: Bakkies, die Wüste, die Angst, die Kälte, meine Begegnung mit der wilden Frau … Halb wünschte ich mir, all das noch einmal erleben zu können, und halb war ich froh, es hinter mir zu haben. Ich hatte das Gefühl, mit zentnerschwerem Übergepäck nach Hause zurückzufliegen. Aber all die Andenken mussten mit. All die

Reichtümer, die für jeden anderen vollkommen wertlos waren.

Schließlich waren wir so weit. Die Kübel mit dem Fleisch wurden auf den Pick-up gehievt, und wir kletterten hinterher. Im ersten Gehege erwarteten uns die drei Löwen schon ungeduldig am Zaun. Ich durfte dem Pascha seine Ration vor die Pranken werfen. Diesmal beachtete er mich gar nicht. Er hatte nur Augen für das Fleisch. Knurrend packte er es und brachte es in Sicherheit. Dann begann er zu fressen.

Irgendwo auf halbem Wege zwischen den Leoparden und den Afrikanischen Wildhunden klingelte Jos Handy. Es war Flo. Er bat darum, mit Gogga, Julie und Peter an der Straße gen Norden abgeholt zu werden; sie hatten ihre Tour schneller als gedacht beendet. Wir sammelten die vier Wanderer auf und setzten gemeinsam mit ihnen die Fütterung fort.

Endlich waren alle Eimer leer. Jo hatte noch etwas anderes zu erledigen und bat Flo und Gogga, uns zu Aiko, Kiki und Aisha zu begleiten. Wenig später kamen wir am Gehege an. Doch von den Geparden war weit und breit nichts zu sehen. Nicht eine schwarzgelbe Schwanzspitze. Sie wurden erst nachmittags gefüttert. Sicher hatten sie sich irgendwo ein schattiges Plätzchen gesucht.

Ohne eine Erklärung ließ Flo uns am Gatter stehen. Er trug uns lediglich auf, die Geparden zu rufen. Dann ging er mit Gogga hinein, und eine Minute später waren beide zwischen den Büschen verschwunden. Doch ich hatte keine Zeit, mir darüber den Kopf zu zerbrechen.

Ich war viel zu sehr damit beschäftigt, mir die Seele aus dem Leib zu brüllen. Immer wieder lockte ich die Katzen. Indes: kein Laut, kein Knacken von Ästen. Nichts. Stille. Plötzlich durchfuhr es mich siedendheiß: Was, wenn sie nicht erschienen? Wenn ich sie gar nicht mehr sah, bevor ich die Farm verließ? Nie wieder?

Peter hob den Arm. »Da sind sie.«

Mein Herz schlug einen Purzelbaum, wie ich ihn sonst nur von Bakkies kannte. Tatsächlich. Sie kamen. Aiko, mein König des Buschs, und seine Damen. Schnurrend näherten sich die drei dem Gatter. Im Schlepptau Flo und Gogga.

Die Katzen strichen unruhig auf und ab, bis Flo endlich das Gatter öffnete und uns ins Gehege ließ. Doch Aiko würdigte mich keines Blickes. Er steuerte geradewegs auf einen Baum nah am Zaun zu; in seinem Schatten ließ er sich nieder. Ich folgte ihm langsam, und er duldete es, dass ich neben ihm in die Hocke ging. Ich legte die Hand auf seinen Kopf. Er bebte. Während ich sein Ohr kraulte, schnurrte Aiko weiter, den Blick auf etwas in der Ferne gerichtet, das ich nicht sehen konnte. Er wirkte wachsam, auf der Hut, ohne nervös zu sein. Dieser Instinkt war noch immer lebendig in ihm, auch wenn er noch nie hatte Feinde fürchten müssen.

Die Gelassenheit dieses Gepards ergriff von mir Besitz, bis ich selbst ganz ruhig wurde. Ich hätte geschnurrt, wenn es meinen Stimmbändern gegeben wäre. Aber Aiko verstand mich auch so. Er wandte den Kopf und begann die Innenseite meines Unterarms zu lecken. Schmirgelpeeling, ein letztes Mal. Ich beherrschte mich mühsam. Er konnte ja nicht wissen, wie kitzlig ich bin.

Das Universum schrumpfte zusammen auf jenen Fleck im Buschgras unter dem Baum. Wenn es nach mir gegangen wäre, hätte dieser Augenblick noch eine oder zwei Ewigkeiten dauern können. Aber ich wusste, dass es ein Flugzeug gab, in dem ich an diesem Abend sitzen würde, und dass zu Hause ein Leben auf mich wartete. Und so schaffte ich tief drinnen noch einmal Platz, wurde leer genug, um diesen hellen Mittag in mich aufzunehmen: das Spiel von Licht und Schatten um uns her, das Gefühl des rauen Fells unter meiner Hand, das Schnurren der Katzen, den Duft wilder Kräuter. Und diese gefleckte, bebende Kraft neben mir.

Da dämmerte es mir. Mit einem Mal glaubte ich zu wissen, was Flo mit Gogga dort in den Büschen gesucht hatte: die Geparden. Er hatte sie aufgespürt, damit ich sie ganz sicher noch einmal sah. Er, der es nicht mochte, wenn wir Tiere aufscheuchten. Doch er verlor kein Wort darüber. Vielleicht war er zu bescheiden, vielleicht war es ihm auch peinlich. Wie auch immer. Es zählte allein, dass er es getan hatte. Dass er mir dieses Geschenk gemacht hatte.

Dies war mein Abschied von den Geparden. Möglicherweise für immer. Ich wusste es nicht. Wollte es gar nicht wissen. Ich war so sehr mit dem Augenblick beschäftigt, dass kein Raum für Traurigkeit und Trübsal blieb. Beide kamen erst später, in elftausend Metern

Höhe, als ich Namibia schon nicht mehr unter mir spürte. Als das Licht in der Kabine gelöscht wurde und allmählich Ruhe einkehrte. Als ich allein war mit mir.

Economy-Class, nach dem Bordprogramm. Letzter Eintrag

Noch liegst du dort unten. Afrika. Dunkler Kontinent, jetzt, nachts, aber sonst voller Licht. Es sind noch ein paar Stunden bis zum Mittelmeer. Wie wird es sein, dich hinter mir zu lassen? Dich fern zu wissen? Auf der anderen Hälfte des Globus? Es wird schon gehen ohne dich. Bestimmt. Aber ob es auch gut gehen wird?

Was werde ich sagen, wenn ich zu Hause bin? Oder werde ich schweigen? Gleichgültig, wie viele Worte ich mache, sie werden nicht ausreichen. Nichts wird es treffen. Man kann Afrika nicht erzählen. Erklären. Afrika passiert innen, dort, wo kein Auge es sieht. Schüttelt durch. Krempelt um. Stößt Türen auf, zu einem weiten Land, das in einen einzigen Menschen passt.

In meinem weiten Land ist noch viel Platz. Viel mehr, als ich dachte. Und ich glaubte, mich gut zu kennen nach vierzig Jahren! Aber mein Bild von mir stimmte nicht. Die Person darauf tat so, als sei sie ich, dabei war sie es längst schon nicht mehr. Um das zu sehen, brauchte ich Abstand. Brauchte ich Wüste. Erst dort ist mir ein neues Bild gelungen. Ein Schnappschuss, nichts Geschöntes, doch etwas, in dem ich mich finde, echt, wirklich, unretuschiert. So, wie mich noch keiner kennt. So, wie ich jetzt bin. Und so lange, bis es Zeit für eine neue Aufnahme wird …

Nichts ist in Stein gemeißelt. Nichts steht geschrieben, was sich nicht umschreiben lässt. Jeden Tag will ich mich fragen: Wer bin ich? Und wer steckt sonst noch in mir? Ich bin der Mensch, der zu sein ich den Mut habe. »Ich« bleibt nicht ein Leben lang gleich. »Ich« ist kein Zustand. »Ich« ist im Fluss. »Ich« vergeht und wird fortwährend neu. »Ich« ist seit kurzem eine andere Person. Eine Fremde, die schon aufhört, fremd zu sein. Der Kleinen, die von Tarzan und »Daktari« träumte, würde sie sicher gefallen. Denn diese Andere ist nicht mehr die, für die ich mich hielt. Ist viel wilder. Und sie flüstert mir ganz neue Flausen ein …

Ich muss nämlich nicht immer wissen, wie mein Tag ablaufen wird. Ich kann Pläne machen und sie über den Haufen werfen. Ich kann plötzlich spontan sein und muss mich an nichts mehr klammern, um mich sicher zu fühlen. Ich kann loslassen, Bücher in Regalen umstoßen, wenn mir danach ist, einen Pavian sitten, mir die Finger abfrieren und vor Platzangst halb durchdrehen, und es bringt mich nicht um. Ich muss es nicht immer bequem haben und jede Nacht in einem Daunenbett schlafen. Ich komme auch ohne Spiegel, ohne Supermarkt, Handy und Internet aus. Ich kann verzichten, entbehren, wenn es sich lohnt. Mal fünfe gerade sein lassen und mich selbst weniger wichtig nehmen. Es ist gut zu wissen, dass man daran nicht stirbt. Es macht sogar stärker. Denn auf einmal kann ich viel mehr, als ich mir zugetraut habe. Ich muss nur nicht immer alles können wollen.

Neuerdings ist es mir wichtig, diesen Planeten zu schützen. Ich bin vierzig, auf der Hälfte des Weges. Die Zeit ist vorbei, auf ein Wunder zu warten, das doch niemals kommt. Mein Wunder bin ich. Ich habe es selbst in der Hand, meinen Kurs zu ändern. Das Ruder noch einmal herumzureißen. Ich will nie mehr aufhören, den Wind zu spüren. Morgenluft. Neue Ufer. Die wilde Frau, jene Fremde, die mich so gut kennt.

Namibia hat mir viel Glück gebracht. Ich bin froh, mich zu haben. Dieses Leben, kein anderes. Und genug Mut, ab und zu etwas zu wagen. *Namib* bedeutet »Ort, wo nichts ist«. Ich kann das nicht finden. Ich habe dort einen Schatz entdeckt. Diamanten aus Sand. Niemand sonst kann sie sehen. Niemand kann sie mir stehlen. Denn ich nehme ja nur ein Stück Wüste mit mir.

Epilog

Noch heute finde ich Grassamen in den Taschen meiner Jacke. Sie haben sich auf unseren Wanderungen in den Stoff gebohrt. Nun stecken sie dort fest und lassen nicht locker, wie oft ich die Jacke auch wasche. Ich habe mich längst damit abgefunden; es stört mich nicht mehr. Im Gegenteil: Sie erinnern mich an den Busch und die Wüste. Und daran, dass man es weit bringen kann, wenn man an etwas festhält. Gegen alle Widerstände. So hartnäckig wie sie will auch ich mir meinen Weg suchen. Immer wieder. Und darum hoffe ich, dass mir die Grassamen nie ausgehen werden …

Man muss nicht den Globus umrunden, nicht das Rad neu erfinden, um bei sich selbst anzukommen. Dieses Abenteuer kann man auch vor der Haustür bestehen. Vielleicht öffnen Ihnen Exerzitien im Kloster die Augen. Vielleicht führt Sie ein Kletterkurs zu sich. Der Jakobsweg. Ein Ehrenamt. Oder ein Bild, das schon seit Jahren gemalt werden will.

Sie brauchen nur etwas Mut. Springen Sie über Ihren Schatten. Verlassen Sie ausgetretene Pfade. Überschreiten Sie Ihre Grenzen und wagen Sie sich auf Neuland vor. Alles, was zählt, ist der erste Schritt. Das Durchringen. Das Aufbrechen und Losgehen.

Und dann: immer geradeaus. Nicht abbiegen, wenn

es steinig und anstrengend wird. Nicht stehen bleiben. Keine Abkürzung nehmen. Und keinesfalls umkehren. Setzen Sie nur immer einen Fuß vor den anderen. Schritt um Schritt.

Und kümmern Sie sich nicht um das Ziel. Es wird Sie finden.

Danksagung

Goethe hat einmal geschrieben: »Leider lässt sich eine wahrhafte Dankbarkeit mit Worten nicht ausdrücken.« Ich gebe ihm recht, will es an dieser Stelle aber dennoch versuchen.

Folgenden Menschen, die mittel- oder unmittelbar an der Entstehung dieses Buches beteiligt waren, gilt mein Dank:

Meinen Eltern und meinem Bruder Michael für ihren Rückhalt durch dick und dünn.

Meiner Patentante Hannelore, die vielleicht am besten von allen weiß, wer ich bin.

Hans Christian Meiser und Klaus Fricke, die von Anfang an an dieses Buch geglaubt haben.

Meiner Programmleiterin Andrea Kunstmann, meiner Herstellerin Gabriele Kutscha und meiner Lektorin Monika Köpfer für die Begeisterung und das Engagement, mit denen sie es auf den Weg gebracht haben.

Cila und Flo für die Geduld, mit der sie mir Afrika und seine Tiere erklären, und ihre freundschaftliche Verbundenheit.

Sowie Aiko und meinem Pflegehund Slash dafür, dass sie auf der Welt sind.

Über N/a’an ku sê

N/a’an ku sê Wildlife Experience Pty. ist eine gemeinnützige Naturschutzorganisation und Farm in Namibia, die sich den Schutz und die Erforschung von Geparden und Leoparden zum Ziel gesetzt hat. Darüber hinaus konzentriert sich die Arbeit der Farm auch auf die Ausbildung, Unterstützung und medizinische Versorgung der San-Buschmänner, die mit ihren Familien auf N/a’an ku sê Arbeit und Unterkunft finden. Zusätzlich betreiben die Gründer der Farm, Dr. Rudie und Marlice van Vuuren, eine Klinik im Osten des Landes zur weiteren gesundheitlichen Versorgung der San.

Auf der Farm leben dauerhaft Löwen, Leoparden, Afrikanische Wildhunde, Geparden, Karakale und andere Wildtiere, die nicht wieder ausgewildert werden können. Außerdem werden kranke, verletzte und verwaiste Tiere wie z. B. Paviane aufgenommen, fachkundig versorgt und nach Möglichkeit wieder in die Freiheit entlassen. Des Weiteren wird ein wissenschaftliches Projekt betrieben, in dessen Rahmen N/a’an ku sê die lokalen Farmer bei der

Lösung ihrer Konflikte mit wilden Raubtieren unterstützt. »Problemtiere«, die fortlaufend Vieh reißen, werden in verschiedenen Naturschutzgebieten wieder ausgewildert und anschließend mit Hilfe von Funkhalsbändern beobachtet.

Interessierte Laien ab 18 Jahren können die Arbeit der Organisation als Volontäre unterstützen: Wildlife (Farmarbeit), Research (Forschung), Medical (medizinische Versorgung). Weitere Informationen finden Sie auf www.ecotourism-namibia.com. Sach- und Geldspenden werden dringend benötigt und sind herzlich willkommen. Bitte kontaktieren Sie folgende Adresse: donationsnaankuse@iway.na

Wir freuen uns über jegliche Hilfe. Vielen Dank!